Chinesisches Horoskop

Mehr zu den einzelnen chinesischen Tierkreissymbolen – zu Ihren wesentlichen Charakter- und Persönlichkeitsmerkmalen, zu Ihrer Lebensgestaltung und Ihrem Verhalten in Liebe, Partnerschaft und Geschäftsbeziehungen – erfahren Sie ab Seite 27 ff.

Chinesisches Horoskop

Von Rita Danyliuk

humboldt-taschenbuch 649

Umschlaggestaltung: Christa Manner, München
Umschlagillustration: Ingrid Hecht, Hannover

Zeichnungen im Innenteil und im Frontispiz: Claudia Danyliuk und
Nada Gotovac.

Hinweis für den Leser:

Alle Angaben ohne Gewähr

© 1991 by Humboldt-Taschenbuchverlag Jacobi KG, München
Druck: Presse-Druck Augsburg
Printed in Germany
ISBN 3-581-66649-9

1 2 3 * 93 92 91

Inhalt

I   Einführung in die chinesische
    Astrologie   7

    Yin und Yang, die beiden Regenten   8
    Die fünf Elemente – genannt die »fünf
    Himmelszeichen« – und ihre Bedeutung . .   10
    Die Doppelstunden und ihre Zeichen   22

II Die zwölf Tiersymbole   27

    Die Ratte   27
    Der Büffel   36
    Der Tiger   45
    Der Hase   54
    Der Drache   63
    Die Schlange   72
    Das Pferd   81
    Das Schaf   90
    Der Affe   99
    Der Hahn   108
    Der Hund   117
    Das Schwein   126

III Erstellen Sie Ihr persönliches
     Horoskop 135

IV Tabellen 139

    *Die chinesischen Mondjahre und ihre
    Zeichen* 139
    *Die Neujahrstage nach dem westlichen
    Kalender und die entsprechenden
    chinesischen Tages-Zeichen* 142
    Die Monate und ihre Tierzeichen 143
    Die Zeichen im 60-Tage-Rhythmus 144

I Einführung in die chinesische Astrologie

Die 5000 Jahre alte chinesische Astrologie basiert auf genauer Beobachtung des Mondes, der Sonne und der Planeten und ihres Einflusses auf Kosmos und Erde. Ihren Kenntnissen angepaßt erstellten die Chinesen einen Kalender, der genauestens auf das Wirken der lunaren und solaren Kräfte in der Natur abgestimmt war und der viele Jahrtausende seine Gültigkeit hatte.

Dieses umfangreiche Wissen wurde schon früh in die Praxis, zur Deutung im Horoskop, umgesetzt. So ist der bis ins kleinste festgelegte Rhythmus des chinesischen Horoskops streng in den Ablauf des Naturgeschehens eingegliedert.

Es ist aber nicht nur der irdische Ablauf, der sich wie ein Bilderbuch vor unseren Augen auftut: Wer es versteht, hinter die Kulissen zu schauen, wird bei seiner Beschäftigung mit dem chinesischen Horoskop wie in ein sternenübersätes Firmament blicken, denn Sonne, Mond und viele Planeten standen bei der Geburt des chinesischen Horoskops Pate.

Das chinesische Horoskop ist ein »Lunar«-Horoskop, ein Mond-Horoskop, orientiert an den Mondwechseln. Das das neue Jahr beginnt in China nicht wie bei uns regelmäßig am 1. Januar – nein, in China fällt der Neujahrstag auf den Tag der Tag-und-Nacht-Gleiche, das ist in der Regel zwischen dem 20. Januar und dem 20. Februar.

Nicht nur die alten Chinesen wußten um die Bedeutung und den Einfluß des Mondes auf alles irdische Leben – auch durch die moderne Wissenschaft ist der Einfluß des Mondes erwiesen: auf die Erdachse, zum Beispiel. Bekannt ist auch sein noch größerer Einfluß auf das Wasser, die Meere und Ozeane, sowie die Veränderung der Erdkruste durch die Anziehung des Mondes. Die Berechnung der Mondentfernung zur Erde, zur Sonne, zu den Planeten und Sternen bildete die Grundlage des chinesischen Horoskops.

Im chinesischen Horoskop gibt es keine »Vorbestimmung« in unserem Sinn. In China wird das Horoskop nicht befragt, um die Zukunft zu deuten; mit Hilfe des Horoskops wird vielmehr versucht, die grundlegenden Wesenszüge und Charaktermerkmale eines Menschen zu bestimmen, seine Vorzüge, Anlagen und Eignungen zu erkennen, aber auch verborgene Fehler und Schwächen zu entdecken.

So können Fähigkeiten und Talente, die in uns schlummern, gefördert, aber auch weniger gute Anlagen unter Kontrolle gebracht und in richtige Bahnen gelenkt werden.
Das Zusammenleben mit Familienangehörigen, zwischenmenschliche Beziehungen mit Freunden, Bekannten, Unbekannten und Kontakte mit Geschäftspartnern können mit Hilfe des chinesischen Horoskops ebenfalls analysiert werden.

Selbstverständlich sind es nicht ausschließlich kosmische Einflüsse, die das Werden eines Menschen beeinflussen. Von ebenso großer Bedeutung sind seine Erbanlagen, Umwelteinflüsse, der herrschende »Zeitgeist« und der eigene Wille. Es läßt sich daher auch durch noch so gewissenhafte Berechnung keine hieb- und stichfeste Analyse erstellen und schon gar keine sichere Prognose machen.

Yin und Yang, die beiden Regenten

Die chinesische Astrologie geht von zwei grundsätzlichen Himmelskräften aus: dem Prinzip *Yin* und dem Prinzip *Yang*.

Yin ist das lunare Prinzip (Mond), Yang das solare (Sonne). Alles Leben wird – so die alten Chinesen – von der immerwährenden, treibenden Energie dieser sich anziehenden und sich abstoßenden Kräfte ausgelöst. Die Kraft des einen Prinzips steigt in dem Maße, wie die Kraft des anderen abnimmt. Ihr steter Wechsel bestimmt die Ordnung der Welt.

Yin und Yang, Symbole des Lebens und der Bewegung, des Gegensatzes und des Ausgleichs, bedeuten auch:
Nacht – Tag; nein – ja; Dunkelheit – Licht; schwarz – weiß; passiv – aktiv usw.
Kein Prinzip ist gut oder schlecht, stärker oder schwächer, dem anderen überlegen oder unterlegen. Das eine braucht das andere. Nur wenn das eine ist, existiert auch das andere, beide sind untrennbar.

Yin und Yang nach chinesischer Überlieferung

Yin: vertritt das Weibliche, Schwache, Dunkle, Weiche, den Mond, das Wasser, die Erde;

Yang: vertritt das Helle, Starke, Männliche, Trockene, die Sonne, das Feuer, den Himmel.

Yin und Yang können nicht getrennt werden, denn eines kann ohne das andere nicht sein.

Der Jahreslauf unterliegt der ständigen Bewegung des Yin und des Yang, dem Auf und Ab der beiden Himmelskräfte, so gehört:

- das *Frühjahr* bis zum *Sommer* dem Prinzip Yang.
- *Herbst* und *Winter* unterstehen dem Prinzip Yin.

Der Übergang von Yin zu Yang oder von Yang zu Yin geschieht allmählich, kaum merkbar, es ist wie ein kaum spürbares Aus- und Einatmen. Die Chinesen sagen deshalb auch: »*Das Jahr atmet.*«

*

Jedes Tierzeichen wird entweder von Yin oder von Yang regiert – und somit auch jedes Jahr entweder von einem lunaren oder einem solaren Prinzip.

Die fünf Hauptelemente *Holz, Feuer, Erde, Metall, Wasser,* die in der chinesischen Astrologie eine sehr bedeutende Rolle spielen und von denen Sie gleich anschließend lesen können, haben zwei Pole, nämlich Yin und Yang.

Yin und Yang, die beiden »Himmelskräfte«, werden auch das »Urprinzip« genannt. Aus ihrer Bewegung entsteht alles Leben. Und aus dieser Vereinigung entstehen die fünf Elemente.

Die fünf Elemente – genannt »die fünf Himmelszeichen« – und ihre Bedeutung

Außer den kosmischen Urkräften Yin und Yang nahmen die alten Chinesen die Planeten *Jupiter-Mars-Saturn-Venus-Merkur* in ihre Berechnungen auf, die den folgenden fünf Elementen entsprechen.

Die fünf Hauptgestirne entsprechen folgenden fünf Himmelszeichen:

- Jupiter   Holz
- Mars   Feuer
- Saturn   Erde
- Venus   Metall
- Merkur   Wasser

Die Bedeutung der fünf Elemente für die Berechnung des chinesischen Horoskopes ist groß. Genauso wie die fünf Planeten miteinander verbunden und voneinander abhängig sind, ist auch die Existenz des einen Elements ohne das andere nicht denkbar. Ein Element unterstützt das andere, greift in das Geschehen des anderen ein. Keines kann ohne das andere existieren oder seine ihm bestimmte Funktion ausüben.

Das Wirken der fünf Elemente im ewigen Kreislauf zeigt sich uns besonders deutlich durch folgende Vorgänge:

- *Metall:*   kann Wasser werden
(durch Erhitzen).

- *Wasser:*   von Wasser wächst Holz
(durch Regen).

- *Holz:*   vermehrt Erde
(durch Verfaulen, Verbrennen).

- *Erde:*   schenkt uns Metall.

*

Die schicksalbestimmenden fünf Elemente beeinflussen nach der chinesischen Astrologie jedes Jahr, jeden Monat, jeden Tag und jede Stunde unseres Lebens.

Sie sind daher auch untrennbar mit den zwölf Tiersymbolen verbunden. Wie Yin und Yang haben auch sie Einfluß auf Charakter- und Wesensmerkmale, auf Anlagen und Fähigkeiten jedes Menschen. Jedes Element ist von Yin und Yang abhängig, den beiden gewaltigen, jeweils mit entgegengesetzten Kräften ausgestatteten Regenten des Kosmos.

Dadurch ergeben sich:
① **Elemente mit unterschiedlicher, oft entgegengesetzter Wirkung, und zwar entsprechend ihrer Nähe zu Yin und Yang:**

- *Holz im Zeichen des Yin:*
entspricht hartem Holz, z. B. Zimmermanns-Holz.

- *Holz im Zeichen des Yang:*
entspricht grünem, weichem, wachsendem Holz.

- *Feuer im Zeichen des Yin:*
entspricht aktivem, loderndem Feuer, der Flamme.

- *Feuer im Zeichen des Yang:*
  entspricht mildem Feuer, dem Lampenlicht zum Beispiel, dem Kerzenschein usw.

- *Erde im Zeichen des Yin:*
  entspricht dem harten Stein, dem Fels, Gebirge, Marmor.

- *Erde im Zeichen des Yang:*
  entspricht weichem Boden, Acker, Sand, Düne.

- *Metall im Zeichen des Yin:*
  entspricht hartem Metall wie Stahl und Eisen.

- *Metall im Zeichen des Yang:*
  entspricht weichem Metall wie Gold oder Silber.

- *Wasser im Zeichen des Yin:*
  entspricht ruhendem, stillem Wasser, dem Teich, See, Brunnen.

- *Wasser im Zeichen des Yang:*
  entspricht dem fließenden Wasser, dem Regen, dem Bach, dem Tau.

② **Zeichen, Symbole, die den Jahren, Monaten, Jahreszeiten, Tagen und Stunden zugeteilt sind:**

Die *Ratte* ist zum Beispiel alle zwölf Jahre Herrscher über ein volles Jahr, das Jahr der Ratte mit demselben Element wiederholt sich jedoch nur alle 60 Jahre.

| Beispiel: |

Ein Jahr der Metall-Ratte war:
Vom 31. Januar 1900 bis 18. Februar 1901;
das darauffolgende Jahr der Metall-Ratte war:
Vom 28. Januar 1960 bis 14. Februar 1961.

③ Die vier Jahreszeiten, die vom Stand der Gestirne beeinflußt werden, üben eine für jeden Menschen sichtbare unterschiedliche Wirkung auf das Geschehen und alles Leben auf der Erde aus; ebenso unterschiedlich ist auch das Wirken der fünf Zeichen im Lauf der vier Jahreszeiten.
Sie wurden daher von den alten Chinesen – dem natürlichen Ablauf entsprechend – in das laufende Jahr eingebunden und einer Jahreszeit zugeordnet.

So entspricht:

- *Holz* ≈ (Jupiter) ≈ dem Osten und dem Frühjahr.
- *Feuer* ≈ (Mars) ≈ dem Süden und dem Sommer.
- *Erde* ≈ (Saturn) ≈ allen Elementen (da die Erde in sich alle Elemente vereinigt); der Jahresmitte.
- *Metall* ≈ (Venus) ≈ dem Westen und dem Herbst.
- *Wasser* ≈ (Merkur) ≈ dem Norden und dem Winter.

Die zwölf Tierkreiszeichen in chinesischer Schrift

Beispiele:

Metall im Frühling:
Metall ist im Frühling noch nicht in Bestform, es benötigt Pflege und Hilfen – am besten durch weiteres Metall. Metall rostet meist im Frühjahr, denn gerade in dieser Jahreszeit fließt Wasser reichlich. *Wasser*verbindungen sind daher nicht günstig. Die Elemente *Feuer* und *Erde* wirken sich hingegen positiv aus. *Holz* ist zu dieser Jahreszeit noch zu unbedeutend.

Metall im Sommer:
Auch im Sommer ist das Element Metall noch nicht in Bestform; es benötigt noch immer weitere Metall-Zeichen zu seiner Unterstützung. Dankbar ist Metall jetzt für *Wasser*. *Feuer* würde dagegen schaden, denn zusammen mit der Sommerhitze könnte das Metall zum Schmelzen kommen. *Holz* schadet ebenfalls, weil es das Feuer unterstützt.

Metall im Herbst:
Der Herbst ist für Metall die günstigste Jahreszeit. Es wird gewetzt, scharf gemacht, ist brauchbar, man arbeitet mit ihm, schneidet zum Beispiel *Holz*. Metall-Zeichen im Herbst bedeuten Glück. *Wasser* ist günstig, denn es kühlt das Metall; *Erde* stört, und *Feuer* ist dem Metall zur Zeit hinderlich. Es benötigt auch keine Metall-Zeichen als Hilfe; die würden es nur schwächen.

Metall im Winter:
Jetzt kann es Hilfe von anderen Metall-Zeichen gebrauchen und dazu *Erde* und *Feuer* – sie wirken sich positiv aus. Gefährlich ist zuviel *Wasser*.

*

Wasser im Frühling:
Im Frühjahr fließt reichlich Wasser; zusätzliche Wasser-Zeichen bringen daher Gefahr. *Erde, Feuer* und *Metall* helfen, das Wasser einzudämmen; *Holz* ist dazu besonders gut geeignet.

Wasser im Sommer:
Es kann nicht genug Wasser im trockenen, heißen Sommer geben; *Metall* kann behilflich sein, aber alle anderen Zeichen sind jetzt ungünstig.

Wasser im Herbst:
Im Herbst gibt es wieder mehr Wasser, zusätzliche Hilfen werden also nicht benötigt. *Feuer*-Zeichen bedeuten Glück, ein wenig *Holz* ist positiv, ebenso *Erde*. Zu viele Wasser-Zeichen sind ungünstig, es könnte eine Überschwemmung geben.

Wasser im Winter:
Etwas zusätzlich Wasser kann nicht schaden; *Feuer* wärmt und schützt das Wasser vor dem Einfrieren. Weder *Erde* noch *Metall* werden im Winter benötigt.

*

Holz im Frühjahr:
Das Holz kann im Frühjahr nicht stark genug sein, für *Holz-Helfer* ist es daher dankbar. Auch etwas *Wasser* kann es zum Wachsen und Gedeihen gebrauchen; wenig *Metall*-, wenig *Feuer*-, wenig *Erd*-Zeichen sind erwünscht.

Holz im Sommer:
Es braucht viel *Wasser*, damit es nicht verdorrt, dagegen ist *Feuer* jetzt eine große Gefahr; *Metall* und *Erde* sind nützlich, wenn sie nicht zu reichlich vorhanden sind.

14

Holz im Herbst:

Wenig *Metall*, wenig *Erde*, sehr wenig *Wasser* werden benötigt; positiv sind mehrere *Feuer*-Zeichen.

Holz im Winter:

Es können nicht genug *Feuer*-Zeichen vorhanden sein; auch viel *Erde* ist jetzt günstig. *Metall* ist keineswegs ungünstig, aber *Wasser* darf überhaupt nicht mehr vorhanden sein.

*

Feuer im Frühling:

Feuer benötigt viele *Metall*-Zeichen und *Holz*, damit es wachsen kann, auch etwas Wasser ist nötig, *Erde* ist besser nicht vorhanden, dafür aber viel *Feuer*, dann stehen die Zeichen gut.

Feuer im Sommer:

Viel *Wasser* ist jetzt gefragt, es darf auch noch mit etwas *Feuer* unterstützt werden; *Holz* unterstützt das Feuer, es darf jedoch nicht zuviel sein. Glück bringen zusätzliche Zeichen für *Metall* und *Erde*.

Feuer im Herbst:

Im Herbst sind viele Feuer- und *Holz*-Zeichen nötig; als Gegengewicht ist auch *Wasser* gefragt; *Erde* soll nur spärlich vorhanden sein, ebenso *Metall*.

Feuer im Winter:

Auch im Winter werden viele Feuer- und *Holz*-Zeichen benötigt: sie bringen Glück. *Erde* sollte nur mäßig vorhanden sein, ebenso *Metall*.

*

Erde im Frühling:

Die Erde braucht viele Helfer, und zwar weitere *Erd*-Zeichen. Auch *Feuer* (Wärme) unterstützt sie in ihrem Wachstum. *Metall* ist in Maßen gut verwendbar, *Holz* und *Wasser* schaden jedoch.

Erde im Sommer:

Die Erde benötigt im Sommer viele *Wasser*-Zeichen; es können nicht genug davon vorhanden sein. *Holz* und *Metall* – wenn wenig vorhanden – können nützlich eingesetzt werden, aber weitere *Erd*-Zeichen wirken sich im Sommer negativ aus.

Erde im Herbst:
Wasser ist ungünstig, auch zuviel *Metall*. *Holz* und *Erde* können helfen, auch viele *Feuer*-Zeichen sind erwünscht.

Erde im Winter:
Kommen viele *Wasser*-Zeichen zu Hilfe, so ist dies sehr positiv, auch viele *Metall*-Zeichen verheißen Glück und Erfolg. Viele *Feuer*-Zeichen sind nötig, um die Erde zu unterstützen, und *Holz* kann nicht schaden.

Wir erkennen, daß kein Element gut oder böse, schwach oder stark, positiv oder negativ ist.
Sie sind voneinander abhängig und obwohl wechselhaft in ihrer Bedeutung und Wirkung entsprechend ihrer Position im Kosmos, sind sie immer zuverlässig und konstant, hat jedes im gleichmäßigen Rhythmus seine ihm vorgeschriebene Funktion und Bedeutung.

Bis ins Unendliche gehen die Gedankenverbindungen und Möglichkeiten im Zusammenhang mit den fünf Elementen weiter.
Langsam erfassen wir das Wirken und Geschehen im Universum, wir begreifen Zusammenhänge und wissen plötzlich um die große Harmonie und Gleichheit, die gerade im Gegensätzlichen liegt.

*

Die Regentschaft der Elemente des chinesischen Horoskops auf unseren Kalender übertragen:

- 1. Januar – 2. März ≈ *Wasser*
- 3. März – 20. März ≈ *Erde*
- 21. März – 3. Juni ≈ *Holz*
- 4. Juni – 21. Juni ≈ *Erde*
- 22. Juni – 4. September ≈ *Feuer*
- 5. September – 22. September ≈ *Erde*
- 23. September – 3. Dezember ≈ *Metall*
- 4. Dezember – 21. Dezember ≈ *Erde*
- 22. Dezember – 31. Dezember ≈ *Wasser*

Nicht nur jedem Jahr oder jeder Jahreszeit ist ein Element zugeordnet, auch jedes der zwölf Tierzeichen hat ein festes Element.

Zeichen:	Frühling	Sommer	Herbst	Winter
Tiger	*Holz*	—	—	—
Hase	*Holz*	—	—	—
Drache	*Holz*	—	—	—
Schlange	—	*Feuer*	—	—
Pferd	—	*Feuer*	—	—
Schaf	—	*Feuer*	—	—
Affe	—	—	*Metall*	—
Hahn	—	—	*Metall*	—
Hund	—	—	*Metall*	—
Schwein	—	—	—	*Wasser*
Ratte	—	—	—	*Wasser*
Büffel	—	—	—	*Wasser*

*

Da die fünf Elemente auch stellvertretend für die fünf Planeten
sind, beeinflussen sie nicht nur Geburtsjahr, Geburtsmonat und
Geburtsstunde, sie können auch jedem der zwölf Tiersymbole
zugeordnet werden oder diese ersetzen. Bei der Berechnung des
Horoskops zählt das an erster Stelle stehende Element als
Hauptelement.

- Ratte   ≈ Wasser
- Hase   ≈ Holz
- Hahn   ≈ Metall
- Pferd   ≈ Feuer + Erde
- Schwein   ≈ Wasser + Holz
- Büffel   ≈ Wasser + Erde
- Tiger   ≈ Holz + Feuer
- Drache   ≈ Holz + Erde
- Schlange   ≈ Feuer + Metall
- Schaf   ≈ Feuer + Erde
- Affe   ≈ Metall + Wasser
- Hund   ≈ Metall + Erde

Die Elemente und ihre Bedeutung für die Gesundheit:

- *Holz*   entspricht der Leber.
- *Feuer*   entspricht dem Herzen.
- *Erde*   entspricht der Milz und der Bauchspeicheldrüse.
- *Metall*   entspricht der Lunge.
- *Wasser*   entspricht den Nieren.

Da sich jedes der zwölf Tierzeichen im Laufe eines Zyklus von 60 Jahren mit einem der fünf Elemente, Holz, Feuer, Erde, Metall, Wasser, verbindet, wiederholt sich ein bestimmtes Tiersymbol mit demselben Element nur alle 60 Jahre.

Metall-Ratte:	1900, 1960 usw. alle 60 Jahre
Metall-Büffel:	1901, 1961 usw.
Wasser-Tiger:	1902, 1962 usw.
Wasser-Hase:	1903, 1963 usw.
Holz-Drache:	1904, 1964 usw.
Holz-Schlange:	1905, 1965 usw.
Feuer-Pferd:	1906, 1966 usw.
Feuer-Schaf:	1907, 1967 usw.
Erd-Affe:	1908, 1968 usw.
Erd-Hahn:	1909, 1969 usw.
Metall-Hund:	1910, 1970 usw.
Metall-Schwein:	1911, 1971 usw.
Wasser-Ratte:	1912, 1972 usw.
Wasser-Büffel:	1913, 1973 usw.
usw.	

*

Eine Tabelle der Elemente der Jahre von 1900–2001 finden Sie auf Seite 142 f.

Die »fünf Himmelszeichen« sind auch untrennbar mit den zwölf Tiersymbolen verbunden. Wie Yin und Yang haben auch sie Einfluß auf Charakter und Wesen, auf Anlagen und Fähigkeiten eines Individuums.

Jedes Element ist von Yin und Yang abhängig, den beiden gewaltigen, jeweils mit entgegengesetzten Kräften ausgestatteten Regenten des Kosmos. Dadurch ergeben sich Elemente mit unterschiedlicher, oft entgegengesetzter Wirkung – immer entsprechend ihrer Nähe zu Yin und Yang (vgl. S. 11).

Die schicksalbestimmenden fünf Elemente beeinflussen unsere Jahre, Monate, Tage, Jahreszeiten und jede Stunde unseres Lebens (vgl. S. 12 ff., 20 ff., 143).

*

Unbedingt berücksichtigt werden muß bei Erstellung eines Horoskops das dem Geburtsjahr zugehörige Element.

So ist jedes Tierzeichen alle zwölf Jahre Herrscher über ein volles Jahr mit jeweils wechselndem Element.

Ratte: 1900, 1912, 1924, 1936, 1948, 1960, 1972, 1984, 1996, usw.

Büffel: 1901, 1913, 1925, 1937, 1949, 1961, 1973, 1985, 1997, usw.

Tiger: 1902, 1914, 1926, 1938, 1950, 1962, 1974, 1986, 1998, usw.

Hase: 1903, 1915, 1927, 1939, 1951, 1963, 1975, 1987, 1999, usw.

Drache: 1904, 1916, 1928, 1940, 1952, 1964, 1976, 1988, 2000, usw.

Schlange: 1905, 1917, 1929, 1941, 1953, 1965, 1977, 1989, 2001, usw.

Pferd: 1906, 1918, 1930, 1942, 1954, 1966, 1978, 1990, 2002, usw.

Schaf: 1907, 1919, 1931, 1943, 1955, 1967, 1979, 1991, 2003, usw.

Affe: 1908, 1920, 1932, 1944, 1956, 1968, 1980, 1992, 2004, usw.

Hahn: 1909, 1921, 1933, 1945, 1957, 1969, 1981, 1993, 2005, usw.

Hund: 1910, 1922, 1934, 1946, 1958, 1970, 1982, 1994, 2006, usw.

Schwein: 1911, 1923, 1935, 1947, 1959, 1971, 1983, 1995, 2007, usw.

Jedes Element ist mit einer Zahl und einem Sinn verbunden

- *Holz* ≈ der Zahl 8 ≈ dem Sehen
- *Feuer* ≈ der Zahl 7 ≈ dem Sprechen
- *Erde* ≈ der Zahl 5 ≈ dem Geschmackssinn
- *Metall* ≈ der Zahl 9 ≈ dem Geruchssinn
- *Wasser* ≈ der Zahl 6 ≈ dem Gehörsinn

Die Elemente und ihre Deutung
– Zusammenfassung

Holz

Planet: Jupiter *Sinne:* Sehen
Jahreszeit: Frühling *Organ:* Leber
Farbe: grün *Himmelsrichtung:* Osten
Zahl: 8

Ist Holz Ihr vorherrschendes Element?

Sie arbeiten mit stetem, gleichmäßigem Fleiß, sind großzügig und freigebig. Sie lieben die Natur und ziehen ein einfaches Leben auf dem Land vor. Sie wollen mit der Natur um sich in Harmonie leben und streben in allem nach einem Ausgleich. Fremden gegenüber sind Sie zurückhaltend, wahre Freundschaft bleibt für Sie aber dauerhaft. Sie sind zwar meist gutgelaunt, aber nicht selten kommt es zu unvorhergesehenen Zornesausbrüchen. Sie sind geistig rege und arbeiten mit Eifer an der Weiterentwicklung Ihrer Fähigkeiten. Ihren Mitmenschen gegenüber sind Sie sehr rücksichtsvoll.

Feuer

Planet: Mars *Sinne:* Sprechen
Jahreszeit: Sommer *Organ:* Herz
Farbe: rot *Himmelsrichtung:* Süden
Zahl: 7

Ist Feuer Ihr vorherrschendes Element?

Sie sind voll überschäumender Kraft; Ihre Liebe ist immer leidenschaftlich, Ihre Energie und Lebensfreude wirkt auf andere ansteckend. Sie freuen sich nicht nur über einen Lottogewinn, Sie verstehen es, sich auch über kleine Dinge von Herzen zu freuen. Sie sind kreativ, willensstark, selbstsicher, greifen selbst nicht an, sind aber fürchterlich in der Rache. Sie setzen Ihren Willen durch und werden dabei auch manchmal aggressiv.

Erde

Planet: Saturn	*Sinne:* Geschmackssinn
Jahreszeit: Spätsommer	*Organ:* Milz, Bauchspeichel-
Farbe: gelb	drüse
Zahl: 5	*Himmelsrichtung:* Süd-Südwest

Ist Erde Ihr vorherrschendes Element?

Sie sind Realist und Individualist, haben Achtung vor sich selbst, und Ihr Auftreten ist dementsprechend selbstsicher. Sie sind konservativ, vorsichtig, überlegen, bevor Sie etwas beginnen. Aufträge führen Sie prompt und korrekt aus, auch wenn es schwierig ist. Sie scheuen keine Verantwortung. Man fragt Sie gern um Rat, denn Sie strahlen Vertrauen aus. Ein bißchen Phantasie könnte nicht schaden.

Metall

Planet: Venus	*Sinne:* Geruchssinn
Jahreszeit: Herbst	*Organ:* Lungen
Farbe: weiß	*Himmelsrichtung:* Westen
Zahl: 9	

Ist Metall Ihr vorherrschendes Element?

Menschen im Zeichen des Metalls sind streng, prinzipientreu und führen eiserne Selbstdisziplin. Wozu sie sich auch immer entschlossen haben, sie stehen dafür unter allen Umständen ein; eine Aufgabe führen sie auch unter widrigen Umständen positiv aus. Sie ziehen das Alleinsein der Masse vor. Ihre Ehrbarkeit ist über jeden Zweifel erhaben. Ungerechtigkeit verabscheuen sie. Sie sind allem Schönen aufgeschlossen und haben künstlerische Neigungen.

Wasser

Planet: Merkur	*Sinne:* Gehörsinn
Jahreszeit: Winter	*Organ:* Nieren
Farbe: schwarz	*Himmelsrichtung:* Norden
Zahl: 6	

Ist Wasser Ihr vorherrschendes Element?

Wasser macht nachdenklich, aufgeschlossen und tolerant. Menschen in diesem Zeichen haben einen klaren Charakter, ihre Grundhaltung ist demokratisch. Sie sind redegewandt, gute Psychologen und haben einen großen Freundeskreis. Sie gehen ungern enge Bindungen ein und sind manchmal ihren Untergebenen gegenüber zu großzügig.

Die Doppelstunden und ihre Zeichen

Auch jede Doppelstunde steht unter der »Vorherrschaft« eines Tieres. Die Stunde der Geburt prägt nach chinesischer Auffassung das äußere Temperament des Menschen, sie bestimmt sein Tun und Handeln in den alltäglichen Abläufen.

23.00 bis 1.00 Uhr:
1. Doppelstunde; *Tierzeichen:* Ratte; *Element:* Wasser

Sie scharen mit Charme und Fröhlichkeit viele Freunde um sich, die Sie allerdings nach strengen Richtlinien aussuchen: Beruf und Name müssen stimmen. Trotzdem sind Sie unbestechlich und haben einen einwandfreien Charakter.
Als Freund sind Sie zuverlässig, im Beruf bringen Sie es weit. Sie sind an allem interessiert und haben Freude an Ihrem Job.

1.00 bis 3.00 Uhr:
2. Doppelstunde; *Tierzeichen:* Büffel; *Element:* Wasser

Sie überlegen gut, bevor Sie handeln; wohl auch aus diesem Grund sind Ihre Ratschläge Gold wert. Obwohl Sie ein freundliches, oft sogar heiteres Wesen haben, könnte man Sie manchmal als stur bezeichnen, denn von Ihrer Meinung lassen Sie sich nur schwer abbringen. Sie haben eine gesunde Einstellung zum Leben: Arbeit und Freizeit sollen sich die Waage halten.

3.00 bis 5.00 Uhr:
3. Doppelstunde; *Tierzeichen:* Tiger; *Element:* Holz

Ihre imposante Erscheinung hält so manchen ab, sich mit Ihnen anzufreunden. Das ist schade, denn die Selbstsicherheit, die Sie ausstrahlen, geht keinesfalls auf Kosten Ihrer Mitmenschen – im Gegenteil. Sie sind ein zuverlässiger Weggefährte. Ihre Achillesferse müssen Sie besonders schützen; Schmeicheleien und winzigkleine Samtpfötchen können Sie zu Fall bringen.

5.00 bis 7.00 Uhr:
4. Doppelstunde; *Tierzeichen:* Hase; *Element:* Holz

In schwierigen Situationen wissen Sie sich zu helfen, sind aber im grauen Alltag ein zurückhaltender, scheuer Typ. Am wohlsten fühlen Sie sich in einem großen Freundeskreis, der Ihnen uneingeschränkte Bewunderung entgegenbringt. Sie sind sehr natürlich und streben eine natürliche Lebensweise an, wo Sie nur können; notfalls verzichten Sie auf verschiedene Bequemlichkeiten.

7.00 bis 9.00 Uhr:
5. Doppelstunde; *Tierzeichen:* Drache; *Element:* Holz

Schon Ihre äußere Erscheinung sagt: Das ist kein 0815-Typ! Und das ist es ja auch, was Sie wollen – auffallen, sich von der Masse abheben. Wer Sie kennt, merkt es auch an Ihren Hobbys: Sie sind unzählig, und eines ist verrückter als das andere. Als Einzelgänger sehnen Sie sich nach einem zuverlässigen Freund, der Sie in Zeiten der Schwäche aufbaut.

9.00 bis 11.00 Uhr:
6. Doppelstunde; *Tierzeichen:* Schlange; *Element:* Feuer

Die Weisheit der Schlange und das Lodern des Feuers beeinflussen Intelligenz und Temperament. Ihnen kann niemand ein X für ein U vormachen, und wenn man Sie zu hintergehen versucht, züngeln Sie mit Feuer zurück. Sie sind verschlossen und sehr empfindsam. Wohl aus diesem Grund halten Sie nichts von Freundschaften; Sie sehnen sich aber nach einem Menschen, dem Sie sich ganz öffnen können.

11.00 bis 13.00 Uhr:
7. Doppelstunde; *Tierzeichen:* Pferd; *Element:* Feuer

Ihre Natürlichkeit lacht Ihnen aus den Augen, und Ihre Begeisterung für eine Sache läßt Sie schnell Mitstreiter finden, die von der Sache ebenso begeistert sind wie von Ihrem natürlichen Charme. Sie streiten sich wacker und meist mit Erfolg. Sie geben jedoch auf, bevor das Schiff untergeht.

13.00 bis 15.00 Uhr:
8. Doppelstunde; *Tierzeichen:* Schaf; *Element:* Feuer

Für Freunde gehen Sie durchs Feuer, die können Sie aber oft an einer Hand abzählen – zu Unrecht: Sie sind ein geselliger, gastfreundschaftlicher Typ, zwar nicht gerade sehr realistisch, aber trotzdem haben Sie immer alles, was Sie zum Leben brauchen. Sie verstehen es mit Geschick, bei Vorgesetzten lieb Kind zu sein, ein bißchen Theater gehört einfach zu Ihnen dazu. Und Sie spielen so gut, daß Sie niemand durchschaut. Warum auch? Sie wollen niemandem schaden.

15.00 bis 17.00 Uhr:
9. Doppelstunde; *Tierzeichen:* Affe; *Element:* Metall

Sie sprühen nur so vor Ideen und Einfällen – klugerweise behalten Sie viel für sich, Sie würden sonst Ihre Freunde ermüden. Wenn es gilt, Aussichtsloses zu erreichen, sind Sie der wahre Meister! Ihre Fröhlichkeit und Ihr Optimismus sind anstekkend, und jeder freut sich schon, wenn er Sie nur von weitem sichtet. Wer Sie nur flüchtig kennt, glaubt, Sie seien oberflächlich. In Wirklichkeit setzen Sie sich mit allen Fragen des Seins intensiv auseinander und denken neben Ihren Späßen tiefsinnige Lebensfragen durch.

17.00 bis 19.00 Uhr:
10. Doppelstunde; *Tierzeichen:* Hahn; *Element:* Metall

Ihr Selbstvertrauen in Ehren, doch Ihr Stolz könnte etwas blasser sein, obwohl er durchaus berechtigt ist: Sie sind ein sehr tüchtiger Mensch. Sie schaffen Positives, wo andere schon aufgegeben haben; Hindernisse oder Pechsträhne lassen Sie nur intensiver am Boden scharren. Sie schaffen Ordnung in Ihrer Umgebung, weisen Vorlaute zurück und setzen Schwache auf einen besseren Platz. Sie handeln mit Takt und Klugheit.

19.00 bis 21.00 Uhr:
11. Doppelstunde; *Tierzeichen:* Hund; *Element:* Metall

Sie passen sich jeder Lebenslage an, können Städte wechseln, Häuser, Wohnungen – alles einem geliebten Menschen zuliebe. Sie ertragen aber auch seine Launen und weniger angenehmen Seiten. Ihr Lebenssinn ist: für andere da sein, helfen, unterstützen, und zwar in erster Linie Ihren Partner.
Man bemerkt Sie kaum, Sie gelten oft nur als Mitläufer, aber wenn Sie einmal ausgefallen sind, wird man Sie vermissen und Ihren Wert erkennen.

21.00 bis 23.00 Uhr:
12. Doppelstunde; *Tierzeichen:* Schwein; *Element:* Wasser

Sind Sie aus Dummheit so gut, fragen sich manche? Aber das kann nicht sein, denn Ihre Intelligenz ist überragend. Nein, Sie wollen auch dann noch helfen, wenn Sie sehen, daß man Sie ausnützt. Wichtig für Sie ist, daß tatsächliche Not herrscht. Ihr Mitgefühl scheint grenzenlos zu sein. Ihre zarte Seele versuchen Sie nicht selten mit Borsten zu umgeben, und Menschen, in die Sie sich verlieben und die Sie verlieren könnten, gehen Sie gern aus dem Weg. Sie ahnen instinktiv, daß Sie im hellodernden Feuer verbrennen könnten.

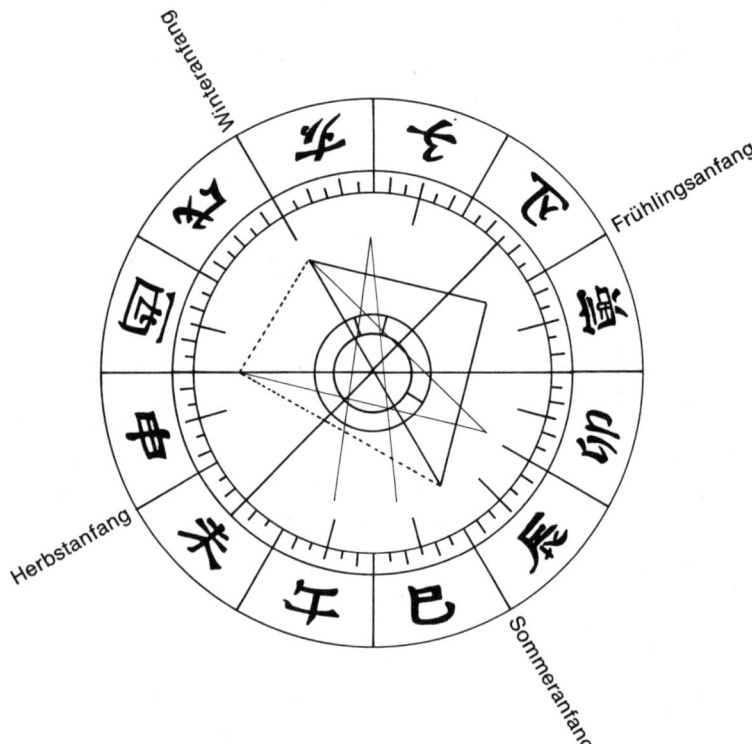

Darstellung des chinesischen Mondjahres als Mondrad mit chinesischer Bezeichnung der Tiersymbole. Nicht allein das Tiersymbol des Geburtsjahres ist ausschlaggebend für die Bestimmung; von Bedeutung sind ebenso: Jahreszeit, Element, Doppelwoche, Geburts-Tag, Geburts-Stunde, sowie Yin oder Yang.

II Die zwölf Tiersymbole

Die Ratte

Sind Sie selbst eine Ratte? Oder ist es Ihr Partner, Ihr Vorgesetzter? Lesen und vergleichen Sie. Sie werden überraschende Erkenntnisse gewinnen, die Ihnen im Umgang mit dem Du nützlich sind.

- *Element:* Wasser
- *Doppelstunde:* 23.00 bis 1.00 Uhr
- *Prinzip:* Yang

Die Jahre der Ratte und das dazugehörige Element

Wenn Sie in dieser Zeit geboren sind, sind Sie eine:

31. Januar 1900 – 18. Februar 1901	≈	*Metall*-Ratte
18. Februar 1912– 5. Februar 1913	≈	*Wasser*-Ratte
5. Februar 1924–24. Januar 1925	≈	*Holz*-Ratte
24. Januar 1936–10. Februar 1937	≈	*Feuer*-Ratte

10. Februar 1948–28. Januar 1949	≈	*Erd*-Ratte
28. Januar 1960–14. Februar 1961	≈	*Metall*-Ratte
19. Februar 1972– 2. Februar 1973	≈	*Wasser*-Ratte
2. Februar 1984–19. Februar 1985	≈	*Holz*-Ratte
19. Februar 1996– 6. Februar 1997	≈	*Feuer*-Ratte

Prominente Ratten:

Konrad Adenauer
(geb. 5. 1. 1876)

Fred Astaire
(geb. 10. 5. 1900)

Johann Sebastian Bach
(geb. 21. 3. 1685)

Marlon Brando
(geb. 3. 4. 1924)

Truman Capote
(geb. 30. 9. 1924)

Maurice Chevalier
(geb. 12. 9. 1888)

Doris Day
(geb. 3. 4. 1924)

Wolfgang Amadeus Mozart
(geb. 27. 1. 1756)

George Sand
(geb. 1. 7. 1804)

Leo Tolstoi
(geb. 9. 9. 1828)

Charakter

Im Jahr der Ratte Geborene können sein:
charmant, gesellig, humorvoll, heiter, intelligent, wißbegierig, strebsam, sparsam, unabhängig, kreativ, treu . . .

aber auch:
unbeherrscht, unruhig, nervös, übersensibel, aggressiv, neidisch, egoistisch, argwöhnisch, leichtsinnig, berechnend.

Persönlichkeit und Schicksal

Die Ratte ist zäh und strebsam, steckt voll Energie und Ehrgeiz, möchte im Leben etwas erreichen, will beachtet und geachtet werden. Ratten haben Köpfchen und sind gute Diplomaten, daher erreichen sie fast immer ihre hochgesteckten Ziele. Auf dem Weg nach oben wollen sie keinem Konkurrenten schaden, doch wehe dem, der eine Ratte hintergeht, sie wird dann aggressiv und gefährlich.
Obwohl Ratten Gefühlsmenschen sind, dreht sich bei ihnen beinahe alles ums Geld, denn nur wenn sie etwas auf der hohen Kante haben, fühlen sie sich sicher. Das Vermögen, das sich eine

Ratte mit viel Fleiß erwirbt, gibt ihr die Möglichkeit, schuldlos in Not Geratene zu unterstützen, doch nur begrenzt und meist mit dem Hintergedanken: Eine Hand wäscht die andere! Wen die Ratte jedoch liebt, den überhäuft sie mit Geschenken.

Ratten scharen einen großen Freundes- und Bekanntenkreis um sich, sie lieben Clubs und Vereine und finden sich immer mit Gleichgesinnten zusammen. Eine Ratte fühlt sich am wohlsten, wenn sie von vielen Freunden umgeben ist. In Gesellschaft will die Ratte strahlen – und es fehlt ihr auch nie an Bewunderern.

Typisch für die Ratte:
Sie gibt nicht auf. Auch wenn sie ganz unten ist, arbeitet sie sich aus eigener Kraft wieder nach oben, wie ein Stehaufmännchen.

Achtung, hier droht Gefahr:
◆ Lassen Sie sich von Schönrednern und Schmeichlern nicht den Kopf verdrehen.

◆ Bremsen Sie Ihren Ehrgeiz; laufen Sie nicht drei Hasen gleichzeitig nach. Mit gedrosselter Geschwindigkeit kommen Sie besser ans Ziel – nämlich gesünder.

Gefühl:
Ratten sind sehr gefühlvolle Zeitgenossen. Sie wollen die Liebe und Zuneigung ihrer Freunde und sehnen sich vor allem nach einem Partner, mit dem sie alle Gedanken und Gefühle teilen können. Ratten lieben ihre Kinder über alles und neigen dazu, sie zu verwöhnen. Ratten haben viel Familiensinn.

Liebe:
♥ Wenn die Ratte liebt, kommt es wie ein Orkan über sie und auch hier erreicht sie beinahe immer ihr Ziel, das heißt, sie erobert den Partner, den sie sich wünscht! Sie ist voll Leidenschaft. Wenn sie abgewiesen wird, kann sie aggressiv werden.

Die Ratte-Frau ♀
Die Ratte-Eva heiratet meist sehr früh, oft ist sie gerade dem Kindsein entschlüpft; denn sie will den Partner, den sie liebt, für immer an sich binden. Wer es mit ihr versteht, wird rund um

die Uhr verwöhnt. Sie ist zärtlich, sehr sinnlich, und wenn es ihr Partner mit ihr versteht und ihr treu ist – versteht sich! –, hat er den Himmel auf Erden ...

Frau Ratte ist sehr häuslich. Trotz ihrer Sparsamkeit versteht sie es, Feinschmeckermenüs auf den Tisch zu zaubern. Sie findet immer wieder einen Grund, mit ihrer Familie ein kleines Fest zu feiern – und da mangelt es an nichts. Frau Ratte geht periodisch zum Kleiderkauf und achtet auf Modisches und gute Qualität. Ab und an »räumt« sie auch ihren Kleiderschrank aus; gute Stücke verschenkt sie dann. Frau Ratte kann beides vereinbaren: die perfekte Hausfrau und die steile Karriere und: auf beiden Ebenen hat sie Erfolg. Sie haßt Halbheiten, privat wie geschäftlich.

Wenn immer sie kann, geht die Ratte-Dame aus, denn sie liebt es, zu feiern und in Gesellschaft zu glänzen. Sie ist eine gute Gesprächspartnerin, denn sie ist immer vom Neuesten unterrichtet.

♂ Der Ratte-Mann

Auch der Ratte-Adam versteht es, zu gefallen, und ist ein guter Gesellschafter. Er hat »das gewisse Etwas«, das alle Frauenherzen höher schlagen läßt. Er redet gern und gut, und wo er auftaucht, gibt es keine Langeweile. Deshalb ist er auch auf jeder Party sehr willkommen ...

In der Liebe ist er zärtlich und phantasievoll, er hat aber auch einen großen Bedarf an Zuneigung und Zärtlichkeit. Der Ratte-Mann bindet sich nicht so schnell.

Herr Ratte ist handwerklich oft ungeschickt. Seine Talente liegen im Bereich der Kommunikation und Organisation, darin ist er ein wahres Genie. Er strebt nach Geld und gibt sich auch dann noch nicht zufrieden, wenn er schon Berge davon gehortet hat. Ausgehen, Gut-Essen und -Trinken liebt er über alles; dafür ist er auch bereit, Gäste einzuladen und Freunde zu gewinnen, die er dann auch den langen Abend königlich amüsiert!

Als Chef sorgt er sich um die Gesundheit seiner Mitarbeiter. Er besucht Kranke auch persönlich am Krankenbett! Aber von einer Gehaltserhöhung will Herr Ratte nichts wissen.

Harmonie mit dem Du
– die Ratte und die anderen Tiersymbole

Tiere, die gut zur Ratte passen:

	Freundschaft	Ehe	Geschäft
sehr gut:	Affe, Tiger	Büffel, Drache	Ratte, Schaf
gut:	Hund, Schlange	Affe, Schwein	Schwein, Büffel
mittel:	Büffel, Drache, Schwein	Schlange, Hund	Affe, Drache

Die Ratte und ihre Tierpartner

Ratte mit Ratte:
»Gleich und gleich gesellt sich gern«, dies trifft auch für dieses Paar zu. Da beide leidenschaftlich veranlagt sind, kann sie die Liebe richtiggehend überfallen, vergleichbar mit einem Vulkanausbruch! Gefahr droht in der Eifersucht und in der Rivalität. Wirtschaftlich kann es ein Rattenpaar sehr weit bringen.

Ratte mit Büffel:
Der ruhige Büffel beeinflußt die nervöse Ratte positiv. Nicht allein deshalb fühlt sich die Ratte zum Büffel hingezogen: Sie schätzt seine Stärke und Zuverlässigkeit, und der Büffel wiederum liebt es, geliebt und verwöhnt zu werden. Aufgepaßt! Hier muß einer nachgeben – und zwar die Ratte. Sie kann die Führung getrost dem Büffel überlassen.

Ratte mit Tiger:
Die Ratte tut gut daran, dem ritterlichen Tiger die Führung zu überlassen, dann läßt sich der Tiger auch gern von der zärtlichen Ratte verwöhnen. Am meisten schätzt er ihre Treue. Lange hält es der Tiger jedoch am häuslichen Herd nicht aus, er muß von Zeit zu Zeit seine Streifzüge machen, kehrt aber immer wieder zur Ratte zurück.

Ratte mit Hase:
Ratte und Hase können zwar gute Freunde sein, für eine Dauerverbindung eignen sie sich jedoch nur in Ausnahmefällen. Dem

Hasen sind vor allem die aufwendigen, lauten Feste und Feiern der Ratte ein Greuel. Beiden gemeinsam ist der Sinn für Häuslichkeit.

Ratte mit Drache:
Diese beiden Tiere ziehen sich gegenseitig an. Eine Verbindung – ob freundschaftlich, geschäftlich oder für die Ehe – ist günstig. Die Ratte bewundert den Schwung und die Energie des faszinierenden Drachen, und der Drache ist vom Charme und der Intelligenz der Ratte angetan. Eine Begegnung kann für beide die große Liebe werden. Dieses Paar ergänzt sich gegenseitig und kann es zusammen weit bringen.

Ratte mit Schlange:
Die Ratte läßt sich von der glänzenden Fassade gern blenden, außerdem will sie ergründen, welches Geheimnis in diesem rätselhaften Tier steckt. Da Ratte und Schlange sehr intelligent sind, können sie mitunter eine gute Verbindung eingehen. Die Untreue der Schlange darf die Ratte jedoch nicht so genau nehmen.

Ratte mit Pferd:
Die sparsame und strebsame Ratte ist nicht der geeignete Partner für das wechselhafte, angeberische Pferd. Gegensätze ziehen sich an, und es kommt zwischen Ratte und Pferd nicht selten zu einem Flirt oder einer leidenschaftlichen Liebe. Sie endet jedoch meist in einer Katastrophe.

Ratte mit Schaf:
Sie finden sich gegenseitig nicht sehr attraktiv, aber wenn sie einmal zusammengefunden haben, kann daraus durchaus eine Verbindung auf Dauer werden: Das geduldige Schaf und die unruhige Ratte ergänzen sich gut, vorausgesetzt, das Schaf legt seine oft chronische Unpünktlichkeit ab. Vor allem beruflich sind die beiden ideale Partner – ehrgeizig und strebsam – und können viele Erfolge für sich verbuchen.

Ratte mit Affe:
Sie geben ein ausgezeichnetes Gespann ab, sind zu Späßen und zum Feiern aufgelegt und verstehen sich sehr gut. Beide sind flexibel und haben Phantasie und Mut, ihre Ideen auch auszu-

führen. Die beiden Abenteuerlustigen sind unverbesserliche Optimisten und Stehaufmännchen, aber auch fleißig und strebsam.

Ratte mit Hahn:
Der angeberische und oft verschwendungssüchtige Hahn ist das genaue Gegenteil von der sparsamen Ratte, trotzdem kann es eine gute Freundschaft werden. Der bewunderungssüchtige Hahn versteht es nur zu gut, der ihm ergebenen Ratte den letzten Spargroschen abzuluchsen.

Ratte mit Hund:
Sie können in jeder Hinsicht gute Partner werden – mit Aussicht auf Dauer. Leidenschaftlich wird es zwar nicht werden, aber gegenseitige Treue ist sichergestellt. Der ruhige, ausgeglichene Hund beeinflußt wohltuend die hektische und spontane Ratte. Sie könnten es zu Wohlstand bringen, denn sie sind fleißig und mit Maßen ehrgeizig.

Ratte mit Schwein:
Sie sind sich sehr ähnlich, besonders, wenn es um das »dolce vita« geht, da sind sie sogar ein Herz und eine Seele! Auch sonst haben sie viel gemeinsam. Sie sind beide Lebenskünstler und beide sensible Liebespartner. Nicht selten bleiben sie sich ein Leben lang treu.

Die Ratte in ihren Elementen

(Zur genauen Zuordnung Ihres Tiersymbols mit seinen Elementen zu Ihrem Geburtsdatum, vgl. Tabelle, S. 139 ff.

Holz-Ratte (1864, 1924, 1984):
Holz-Ratten haben Angst vor der Zukunft. Sie sind erfolgsorientiert, aber keine ausgesprochenen Materialisten. Sie sorgen sich um ihre Sicherheit – auch um die Altersversorgung – und arbeiten dafür hart. Holz-Ratten lieben »das große Leben« und fühlen sich inmitten ihres großen Freundeskreises am wohlsten. Sie erwarten von ihren Partnern immer wieder kleine Zeichen der Zuneigung oder Liebe.

Feuer-Ratte (1876, 1936, 1996):
Das Herz diktiert das Leben der Feuer-Ratte; ihren scharfen Verstand setzt sie nur ein, um ihren Idealen zum Recht zu

verhelfen. Sie wird nicht müde, für Gerechtigkeit zu kämpfen, doch läßt sie es dabei leider oft an der nötigen Diplomatie fehlen. Sie ist überall dort anzutreffen, wo sie helfen kann, deshalb ist sie auch immer in Hektik.

Erd-Ratte (1888, 1948, 2008):
Diese Ratte liebt Sicherheit und Beständigkeit. Ihren Arbeitsplatz wechselt sie daher nur ungern. Auch in der Partnerschaft ist sie treu. Sie haßt es, Risiken einzugehen. Sie sammelt und hortet und ordnet ihr Leben mit Vernunft. Auch wenn sich ihr Hindernisse in den Weg stellen, sie läßt sich nicht ablenken und verfolgt geduldig ihr Ziel.

Metall-Ratte (1840, 1900, 1960):
Begeisterungsfähig und sehr aktiv ist die Metall-Ratte. Sie versteht es, Vermögen zu schaffen und gut anzulegen. Es fällt ihr schwer, allein zu leben, denn sie möchte verwöhnen und verwöhnt werden.

Wasser-Ratte (1852, 1912, 1972):
Diese charmante Ratte versteht es, mit allen Menschen in Freundschaft zu leben. Sie kann sich anpassen und sich auf ihren jeweiligen Partner einstellen. Diese Fähigkeit nützt sie aus. So zählt sie einflußreiche Personen zu ihrem engsten Bekanntenkreis. Sie ist voll Enthusiasmus und verliebt sich immer wieder aufs neue.

Die Ratte im Zwölf-Jahreszyklus
Wenn Sie im Jahr der Ratte geboren sind, sollten Sie auch den Einfluß des folgenden Zwölf-Jahreszyklus mit seinen Tiersymbolen auf das Ratte-Schicksal und die Ratte-Persönlichkeit kennen (vgl. a. Tabelle, S. 19).

- **Jahr der Ratte:** Ein positives Jahr für Finanzen und Beruf.
- **Jahr des Büffels:** Günstig für familiäre Bindungen.
- **Jahr des Tigers:** Vorsicht in finanziellen Angelegenheiten. Unvorhergesehene Ereignisse.
- **Jahr des Hasen:** Allgemein gut, mehr Einsatz ist nötig.

- **Jahr des Drachen:** Sehr positiv in allen Bereichen.

- **Jahr der Schlange:** Nichts übereilen und auf die Gesundheit achten!

- **Jahr des Pferdes:** Schwierigkeiten in der Liebe und in Geldsachen.

- **Jahr des Schafes:** Gut für Neuerungen.

- **Jahr des Affen:** Ein Jahr voll Glück. Pflegen Sie Ihren Freundes- und Bekanntenkreis.

- **Jahr des Hahns:** Ein hektisches Jahr.

- **Jahr des Hundes:** Schlechte Nachrichten können Sie in der Arbeit lähmen. Lassen Sie besonders viel Umsicht walten.

- **Jahr des Schweins:** Stagnation in geschäftlichen Angelegenheiten ist möglich. Gehen Sie keine finanziellen Risiken ein, und achten Sie in diesem Jahr besonders auf Ihre Gesundheit!

Der Büffel

Sind Sie selbst ein Büffel? Oder ist es Ihr Partner? Ihr Vorgesetzter? Lesen und vergleichen Sie. Sie werden überraschende Erkenntnisse gewinnen, die Ihnen im Umgang mit dem Du nützlich sind.

- *Element:* Wasser+Erde
- *Doppelstunde:* 1.00 bis 3.00 Uhr
- *Prinzip:* Yin

Die Jahre des Büffels und das dazugehörige Element

Wenn Sie in dieser Zeit geboren sind, sind Sie ein:

19. Februar 1901– 7. Februar 1902	≈	*Metall*-Büffel
6. Februar 1913–25. Januar 1914	≈	*Wasser*-Büffel
25. Januar 1925–12. Februar 1926	≈	*Holz*-Büffel
11. Februar 1937–30. Januar 1938	≈	*Feuer*-Büffel
29. Januar 1949–16. Februar 1950	≈	*Erd*-Büffel
15. Februar 1961– 4. Februar 1962	≈	*Metall*-Büffel
3. Februar 1973–22. Januar 1974	≈	*Wasser*-Büffel
20. Februar 1985– 8. Februar 1986	≈	*Holz*-Büffel
7. Februar 1997–27. Januar 1998	≈	*Feuer*-Büffel

Prominente Büffel:

Willy Brandt
(geb. 18. 12. 1913)
Charlie Chaplin
(geb. 16. 4. 1889)

Vincent van Gogh
(geb. 30. 3. 1853)
Kaiser Hirohito
(geb. 29. 4. 1901)

36

Jean Cocteau
(geb. 5. 7. 1889)

Margaret Thatcher
(geb. 13. 10. 1925)

Albert Camus
(geb. 7. 11. 1913)

Miles Davis
(geb. 25. 5. 1926)

Walt Disney
(geb. 5. 12. 1901)

Pierre Boulez
(geb. 26. 3. 1925)

Charakter

Im Jahr des Büffels Geborene können sein:
arbeitsam, umsichtig, fleißig, zuverlässig, besonnen, kaltblütig, charakterfest, wortgewandt, treu, stolz, reserviert, ausgeglichen, zärtlich, belastbar, fair, dynamisch, verantwortungsbewußt ...

aber auch:
eigensinnig, halsstarrig, hartnäckig, langsam, autoritär, fordernd, tolerant, stolz, pedantisch, tyrannisch, kompromißlos.

Persönlichkeit und Schicksal

Ein Büffel ist autoritär und duldet im allgemeinen keinen Widerspruch. Er ist robust, zielbewußt und tatkräftig. Er ist an hartes Arbeiten gewöhnt, und wenn er sich ein Ziel gesetzt hat, gibt er erst auf, wenn er es erreicht hat. Er ist es gewöhnt zu kommandieren, deshalb kommt es oft zu Auseinandersetzungen, vor allem zwischen Büffel-Eltern und Kindern. Ein Büffel haßt nichts so sehr wie Respektlosigkeit gegenüber seiner Person und will sich den Respekt mit allen erlaubten Mitteln erkämpfen.
Charakteristisch für den Büffel ist – genauso wie für die Ratte – sein Drang nach Sicherheit. Um sich für alle Lebenslagen abzusichern, entwickelt er eine beinahe unheimliche Schaffenskraft.
Es gibt kaum einen Büffel, der sich in seinem Beruf nicht bis an die Spitze arbeitet. Obwohl er als eigensinnig bis stur gilt, betreuen Vorgesetzte ihn gern mit Führungsaufgaben. Er rechtfertigt dieses Vertrauen, denn er ist weitblickend, klug und unbedingt zuverlässig. Er weicht keinesfalls vom Pfad des Gesetzes ab. Eine besondere Eigenschaft zeichnet den Büffel aus: Seine Ruhe und Gelassenheit im Augenblick der Gefahr und Not. Wenn alle den Kopf verlieren: Er führt seine Schäfchen sicher ins Gelobte Land! Unnachgiebig und streng ist der Büffel; sein

Tun wird mehr vom Verstand diktiert als vom Herzen. Für seine Familie ist er zwar zu jedem Opfer bereit, doch duldet er auch hier nur selten Widerspruch und besteht darauf, daß seine Befehle ausgeführt werden. Seine Forderungen sind jedoch selten übertrieben.

Der Büffel ist bescheiden. Er macht sich nicht viel aus seinem Äußeren und wird deshalb oft von Leuten unterschätzt, die ihn nicht kennen.

Wichtig:
◆ Büffel sind hundertprozent-zuverlässig als Freund und Partner. Auch für ihre Familie setzen sie sich mit ihrer ganzen Energie ein – und die ist nicht wenig.

Liebe:
♥ Der Büffel braucht Zeit, um seinen Partner kennenzulernen. Die Leidenschaft flieht er. Zuallererst will er für seine Liebe eine solide Grundlage schaffen. Achtung: Einen Büffel zu betrügen, könnte ins Auge gehen!

Achtung:
◆ Reizen Sie nie einen Büffel – er könnte gefährlich werden. Seine Zornesausbrüche (unter anderem) sind gefürchtet.

♀ ## Die Büffel-Frau

Die Büffel-Frau liebt es zu befehlen, andere um sich tanzen zu lassen. Zum Glück hat sie immer das richtige Gespür, sich einen Partner anzulachen, der ihr alle Wünsche von den Augen abliest und aufblüht, wenn er rund um die Uhr für sie da sein darf. Aber auf die Dauer wird dies der Büffel-Eva zu langweilig. In Wahrheit sucht sie den ihr ebenbürtigen »starken« Mann und Kumpel.

Die Büffel-Frau ist sehr praktisch veranlagt; sie kann zupacken, ist technisch meist nicht unbegabt und versteht es, blitzschnell und logisch zu denken. Sie schätzt ein gemütliches Heim und liebt ihre Familie. Erst in ihren vier Wänden fühlt sie sich richtig wohl; dort kann sie nach Belieben schalten und walten; freilich muß alles, aber auch alles nach ihrem Willen geschehen ...

Gefürchtet sind ihre plötzlichen Zornesausbrüche, die oft aus heiterem Himmel hereinbrechen und vielleicht nur deshalb eintreten, weil die Tasse nicht so hingestellt wurde, wie sie es wünschte.

Wichtiges Plus:
Man kann Büffel-Frauen ohne Wenn und Aber voll vertrauen. Als Ehefrau ist sie treu, unbedingt ehrlich, zuverlässig, und sie versteht es auch, gut mit Geld umzugehen.

Der Büffel-Mann

Der Büffel-Adam ist der geborene Feldwebel. Wenn er Befehle austeilen und herumkommandieren kann, ist er so richtig in seinem Element.

Sein farbloses Äußeres wird durch unvorteilhafte Kleidung noch unscheinbarer. Büffel-Männer fügen sich nur schwer in die Rolle des Untergebenen. Sie können rücksichtslose Egoisten sein, um ihr Ziel zu erreichen – natürlich als Einzelkämpfer. Sie sind aber nach dem täglichen Existenzkampf liebevolle, besorgte Gatten und Familienväter, die ihre Familie nach Strich und Faden verwöhnen. Außer harter Arbeit liebt der Büffel über alles ein gemütliches Familienleben.

Ein Büffel-Mann ist treu; wenn er auch in der Ehe den führenden Part spielt – er wird Sie verwöhnen und Ihnen alle Schwierigkeiten aus dem Weg räumen.

Wichtiger Hinweis für die Partnerin:
◆ Lassen Sie den Büffel-Adam in seinen Ansprüchen und in seinem Führungsdrang bis zu einem gewissen Grad gewähren, aber ziehen Sie dann eine Grenze – und bleiben Sie hart: Er wird Sie respektieren.

Harmonie mit dem Du
– der Büffel und die anderen Tiersymbole

Tiere, die gut zusammenpassen:

	Freundschaft	Ehe	Geschäft
sehr gut	Hund, Hahn, Ratte	Hahn	Affe, Ratte
gut:	Affe, Hase	Schlange, Ratte	Hahn, Schwein
mittel:	Drache, Schlange, Büffel	Büffel, Hund, Hase	Schlange, Hund

Der Büffel und seine Tierpartner

Büffel mit Büffel:
Sie harmonieren geschäftlich gut und sind erfolgreich. In der Ehe fehlt es am notwendigen Knistern und am Schwung. Das könnte selbst den eher behäbigen Büffeln zu langweilig sein. Zwar sitzen dann beide zufrieden hinter dem Ofen – sie warten aber insgeheim auf die große Liebe.

Büffel mit Ratte:
Eine ideale Verbindung: Sie vertragen sich gut, sind beide intelligent und geschäftstüchtig – sie müssen sich nur einig werden, wer tatsächlich das Sagen hat. Beide sind fleißig, beide schätzen ein gemütliches Heim – und doch sind genügend Gegensätze da, die dieser Verbindung den nötigen Reiz verleihen.

Büffel mit Tiger:
Die beiden Tiere sind Rivalen, deshalb herrscht bei ihnen oft Gewitterstimmung. Der zartbesaitete Tiger ist dem sturen Büffel oft haushoch unterlegen. Wenn zwischen beiden ein räumlicher Abstand besteht, können sie sich wunderbar ergänzen. Büffel und Tiger haben einen starken Willen, aber dem Büffel mangelt es an Ausdauer.

Büffel mit Hase:
Dies ist ein gutes Gespann. Dem Hasen liegt viel an einem schönen Heim, und er kann sich unterordnen. Der Büffel darf jedoch den sensiblen Hasen nicht bremsen und einengen. Auch eine freundschaftliche Bindung steht unter gutem Vorzeichen. Beruflich können Büffel und Hase gut und dauerhaft zusammenarbeiten.

Büffel mit Drache:
Wie bei Meinungsverschiedenheiten die Funken fliegen! Weder Drache noch Büffel weichen von einer einmal gefaßten Meinung ab. Der Büffel, der mit seinen vier Beinen fest auf dem Boden steht, kann den Drachen mit seinen hochfliegenden Ideen nicht verstehen. Wenn jedoch beide für ein gemeinsames Ziel arbeiten, sind sie unschlagbar!

Büffel mit Schlange:
Schlangen empfinden zum Büffel oft tiefe Zuneigung. Und da sie sehr anpassungsfähig sind, könnte es eine ideale Verbindung

werden, trotz ihrer unterschiedlichen Lebensauffassung – vorausgesetzt, jeder läßt jedem seine Freiheit. Gefahr liegt in der Untreue der Schlange. Dies könnte der treue Büffel nur schwer verzeihen.

Büffel mit Pferd:
Keine Ausnahme ohne Regel – warum sollte der Büffel nicht mit dem Pferd harmonieren können? Das arrogante Pferd lebt gern auf großem Fuß; seine Verschwendungssucht und seine Unbezähmbarkeit könnten dem Büffel mißfallen. Vielleicht mäßigt sich das Pferd? Es hat ja im Büffel einen treuen und zuverlässigen Partner.

Büffel mit Schaf:
Sie sind zu verschieden, um sich zu verstehen. Die Träumereien des feinsinnigen Schafes findet der Büffel nur begrenzt schön. Wenn das künstlerische Schaf darüber seine Pflichten vergißt, verachtet es der Büffel wegen seiner Schwäche, auch wenn das Schaf in seiner »Traumphase« künstlerisch wertvolle Dinge schafft. Mit seiner Derbheit könnte der Büffel beim Schaf viel kaputtmachen.

Büffel mit Affe:
Büffel bewundern den fröhlichen und in jeder Hinsicht geschickten Affen, nur seinen Leichtsinn und seine Sprunghaftigkeit mögen sie nicht. Der Affe macht sich manchmal über seinen Büffel-Partner lustig: Er ist ja auch zu langsam – und das kann der Büffel auf die Dauer nicht ertragen. Beruflich und geschäftlich arbeiten beide sehr gut zusammen.

Büffel mit Hahn:
Hähne können sich dem Büffel unterordnen, die geistigen Interessen sind dieselben, beide sind arbeitsam. Der Büffel blüht in der Nähe des lebhaften Hahns auf und ist ihm ein treuer Partner. Sie achten sich gegenseitig und haben auch als Geschäftspartner Erfolg.

Büffel mit Hund:
Wie der Büffel liebt auch der Hund Sicherheit und geordnete Verhältnisse. Wenn sich der Hund auch dem Büffel anpaßt und ihm den Vorrang überläßt, kann es eine sehr gute feste Bezie-

hung werden. Voraussetzung ist dafür jedoch, daß der Büffel lernt, zu seinem Partner zärtlich zu sein. Eine Geschäftsverbindung ist weniger günstig.

Büffel mit Schwein:
Eine freundschaftliche und feste Liebesbeziehung steht unter keinem guten Vorzeichen: Die Autorität des Büffels ist dem Schwein auf Dauer unerträglich. Bleibt sie jedoch in Grenzen, dann entwickelt das Schwein mit dem starken Partner im Rükken sehr viel Mut und Selbständigkeit. Als Geschäftsfreunde halten sie jedoch wie Pech und Schwefel zusammen, auch sind sie beide Arbeitstiere – da müssen sie es ja weit bringen.

Der Büffel in seinen Elementen

(Zur genauen Zuordnung Ihres Tiersymbols mit seinen Elementen zu Ihrem Geburtsdatum, vgl. Tabelle, S. 139 ff.).

Holz-Büffel (1865, 1925, 1985):
Ein sehr geselliger und toleranter Büffel, der auch die Meinung anderer gelten läßt und für Neues aufgeschlossen ist. Er liebt körperliche Betätigung, ob Sport oder Arbeit, und ist sehr ehrgeizig. Er erreicht viel, denn sein Einfallsreichtum ist groß.

Feuer-Büffel (1877, 1937, 1997):
Zugegeben, er ist ein dynamischer Büffel. Aber zugleich ist er der sturste und eigensinnigste aller Büffel – und das will etwas heißen! Gleichzeitig ist er stolz und machthungrig. Schwierige Aufgaben reizen ihn besonders. Trotzdem gibt es für ihn nur »fair play«; er handelt nur innerhalb der Legalität. Seine Familie wird nie Not leiden. Für die Not anderer zeigt er jedoch wenig Verständnis.

Erd-Büffel (1889, 1949, 2009):
Er kennt seine Grenzen, aber auch der Erd-Büffel strebt nach Macht. Und zusätzlich nach Ehre und Reichtum. Materielle Sicherheit ist für ihn die Grundlage zum Erfolg. Er ist bereit, dafür viel auszugeben, und der Erfolg bleibt auch selten aus. Er streitet für das Recht der Rechtlosen. Seiner Familie ist er immer treu ergeben. Auch seine Freunde können immer auf ihn zählen.

Metall-Büffel (1901, 1961, 2021):
Er ist ein unermüdlicher Arbeiter, wenn er sich für einen Menschen oder für eine Sache einsetzt. Er ist gutmütig, aber wer ihm Unrecht tut, wird es bereuen, denn der Metall-Büffel kennt seine Rechte und weiß, sich zu verteidigen. Er ist aufrichtig, seine Meinung zeigt er oft zu direkt. Ob Partner oder Arbeitnehmer: Er ist zuverlässig, auf ihn kann man bauen. Wer ihn jedoch hintergeht, der bereut es schnell: An seinen Feinden rächt sich der Metall-Büffel mit allen Mitteln.

Wasser-Büffel (1853, 1913, 1973):
Der Wasser-Büffel ist voll Ehrgeiz, aber auch die Ruhe in Person. Der berechnende Büffel gewinnt schon allein durch seine Gelassenheit. Seine Gegner werden dadurch nervös und verlieren die Übersicht. Gegen Lügner geht er unbarmherzig vor. Er ist ein sehr sensibler Büffel. Was ihm immer wieder hilft: Er versteht es, die Geduld der anderen bis aufs letzte zu strapazieren.

Der Büffel im Zwölf-Jahreszyklus

Wenn Sie im Jahr des Büffels geboren sind, sollten Sie auch den Einfluß des folgenden Zwölf-Jahreszyklus mit seinen Tiersymbolen auf das Büffel-Schicksal und die Büffel-Persönlichkeit kennen (vgl. a. Tabelle, S. 19).

- **Jahr der Ratte:** Reiche Ernte, schwierige Probleme lösen sich, Anerkennung im Beruf, viel Freude in der Familie.

- **Jahr des Büffels:** Freudige Ereignisse im Familienkreis; Erfolg im geschäftlichen Bereich läßt noch auf sich warten.

- **Jahr des Tigers:** Manche Nuß gilt es zu knacken; Unrecht und Kampf ums Recht sind angesagt. Nicht zuviel wagen, auf Hindernisse achten!

- **Jahr des Hasen:** Ein mittelmäßiges Jahr. Unvorhergesehene Ereignisse, die Kummer und Enttäuschung bringen.

- **Jahr des Drachen:** Die Bekanntschaft mit einflußreichen Personen hilft bei schwierigen Problemen. Nicht aufgeben – das Ziel ist nah.

- **Jahr der Schlange:** Dieses Jahr bringt die Vollendung vieler Projekte und Lösung schwieriger Probleme; Unklares wird klar: ein zufriedenstellendes Jahr also.

- **Jahr des Pferdes:** Es geht nicht alles so glatt – privat und geschäftlich – wie gewünscht. Einschneidende Ereignisse könnten das Leben des Büffels aus der Bahn werfen – wenn er nicht seine Ruhe behält: Aber, die Zeit heilt alle Wunden.

- **Jahr des Schafes:** Ein mittelmäßiges Jahr, wenn Sie keine großen Risiken eingehen, denn es drohen überall starke Verluste. Gesundheitlich sind Sie weiterhin in Form.

- **Jahr des Affen:** Ein großes Jahr, ein Jahr des Glücks, sei es durch gute partnerschaftliche Beziehung oder durch einflußreiche Bekannte.

- **Jahr des Hahns:** Prüfen Sie genauestens jede geschäftliche Transaktion, bevor Sie handeln.

- **Jahr des Hundes:** Durch harte Arbeit und unermüdlichen Fleiß gelingt es Ihnen, endlich einen Teil Ihrer bisher unlösbaren Aufgaben befriedigend abzuschließen.

- **Jahr des Schweins:** Neue Schwierigkeiten kommen hinzu – diesmal im privaten Bereich. Einen Teil der Schwierigkeiten können Sie bis Jahresende in den Griff bekommen.

Der Tiger

Sind Sie selbst ein Tiger? Oder ist es Ihr Partner, Ihr Vorgesetzter? Lesen und vergleichen Sie. Sie werden überraschende Erkenntnisse gewinnen, die Ihnen im Umgang mit dem Du nützlich sind.

- *Element:* Holz
- *Doppelstunde:* 3.00 bis 5.00 Uhr
- *Prinzip:* Yang

Die Jahre des Tigers und das dazugehörige Element

Wenn Sie in dieser Zeit geboren sind, sind Sie ein:

8. Februar 1902–28. Januar 1903	≈	*Wasser*-Tiger
26. Januar 1914–13. Februar 1915	≈	*Holz*-Tiger
13. Februar 1926– 1. Februar 1927	≈	*Feuer*-Tiger
31. Januar 1938–18. Februar 1939	≈	*Erd*-Tiger
17. Februar 1950– 5. Februar 1951	≈	*Metall*-Tiger
5. Februar 1962–24. Januar 1963	≈	*Wasser*-Tiger
23. Januar 1974–10. Februar 1975	≈	*Holz*-Tiger
9. Februar 1986–28. Januar 1987	≈	*Feuer*-Tiger
28. Januar 1998–15. Februar 1999	≈	*Erd*-Tiger

Prominente Tiger:

Anne, Prinzessin von Groß-
britannien (geb. 15. 8. 1956)

Marilyn Monroe
(geb. 1. 6. 1926)

Queen Elizabeth II	Rudolf Nurejew
(geb. 21. 4. 1926)	(geb. 17. 3. 1938)
Tennessee Williams	Nicolo Paganini
(geb. 26. 3. 1914)	(geb. 27. 10. 1782)
Alec Guinness	Oscar Wilde
(geb. 2. 4. 1914)	(geb. 16. 10. 1854)
Karl Marx	Romy Schneider
(geb. 5. 5. 1818)	(geb. 23. 9. 1938)

Charakter

Im Jahr des Tigers Geborene können sein:
mutig, leidenschaftlich, enthusiastisch, großzügig, autoritär, selbstsicher, vornehm, sensibel, begabt, aktiv, risikobereit, höflich, dickköpfig, warmherzig...

aber auch:
impulsiv, stolz, unklug, streitsüchtig, egoistisch, unruhig, eigensinnig, unnachgiebig, hektisch, eitel, unüberlegt, respektlos.

Persönlichkeit und Schicksal

Der kühne Tiger ist immer in Aktion. Gefahren und unüberwindliche Schwierigkeiten ziehen ihn an, seine Tollkühnheit stellt er gern zur Schau. Sein Selbstbewußtsein führt ihn oft zur Selbstüberschätzung, was böse Folgen haben kann. Tiger sind Rebellen; viele von ihnen sind Revolutionäre; Tiger werden oft zum Führer gewählt. Von Planen und Organisieren halten Tiger nicht viel – sie stürzen sich kopfüber in den Kampf. Fehlschläge beeindrucken einen Tiger nicht: Er steht immer wieder auf. Lebensfreude, Lebensmut und Optimismus gewinnen immer wieder die Oberhand. Er denkt nur bedingt an Sicherheit und Vorsorge, schon den Gedanken daran lehnt er meist als Schwäche ab.

Tiger wollen bewundert werden – dafür setzen sie viel ein. Sie sind sehr ausdauernd und lassen sich von ihrem angepeilten Ziel durch nichts abbringen.

Tiger sind warmherzig, sensibel, zärtlich und mitfühlend. Auch fremden Personen gegenüber sind sie spontan zur Hilfeleistung bereit. Ein Tiger wird immer helfen – und wenn er sein Letztes hergibt. Wenn er liebt, überhäuft er die geliebte Person mit Geschenken.

Tiger werden immer wieder gefordert. Ob für sich oder für andere – sie müssen immer wieder Hindernisse aus dem Weg räumen. Das brauchen sie und das macht sie stark. Sie wechseln gern den Job, wollen etwas Neues auf die Probe stellen. Ihre Ziele sind voll Idealismus, und ihre Hilfe ist meist uneigennützig.

Wird ein Tiger in seinem Beruf täglich neu gefordert, so bleibt er ihm etwas länger treu; aber trotzdem nicht ewig. Er ist nicht sehr ausdauernd und wechselt mit Vorliebe seinen Job. Wie Sie ihn am ehesten halten können? Geben Sie ihm jeden Tag eine Nuß zum Knacken.

Liebe:

❤ Wenn Tiger lieben, gehen sie mit Geschenken nicht kleinlich um. Sie haben immer wieder neue Ideen, mit denen sie die Angebetete überraschen.

Der männliche Tiger ist schnell entflammt, aber das Feuer verlöscht auch ebenso schnell wieder. Und – so mitfühlend er sonst ist – diese Tränen lassen ihn kalt. Vielleicht ist das mit ein Grund, daß er nur ungern eine feste Bindung eingeht.

Der weibliche Tiger hingegen steuert den Hafen der Ehe oft viel zu schnell an und wird dabei nicht selten unglücklich. Drum prüfe, wer sich ewig bindet!

◆ **Achtung:** Seien Sie vor einem Tiger – ob männlich oder weiblich – immer ein wenig auf der Hut. Er ist gut für Überraschungen.

Die Tiger-Frau ♀

Die charmante und attraktive Tiger-Frau gefällt, auch wenn sie nicht schön ist. Sie hat eine ganz besondere Ausstrahlung, und allein ihre Erscheinung läßt das Herz eines Mannes höher schlagen... Eine Tiger-Eva ist nicht passiv. Sie sucht sich ihre Partner selbst aus, und es bleibt nicht bei einem einzigen... Tiger-Frauen lieben oft gefährlich – ihren Mann und ihren Geliebten. Ihr Doppelleben ist ein streng gehütetes Geheimnis. Eine Tiger-Frau braucht die Unabhängigkeit, um die Menschen, die sie liebt, glücklich zu machen. Für ihre Familie ist sie zu großen Opfern bereit, aber ihre Unabhängigkeit würde sie niemals aufgeben. Eine Tiger-Frau macht alles mit Köpfchen. Sie erwartet, daß man sich ihr unterordnet. Wenn dies mit Krallenzeigen nicht möglich ist, versucht sie es mit ihren weichen Pfoten.

♂ Der Tiger-Mann

Der romantische Tiger steckt voller Lebensfreude. Sein Zeitvertreib sind Sport und Kampfspiele; er liebt den Wettkampf, will seine Stärke mit anderen messen. Dabei ist er oft tollkühn.
Der Tiger-Adam ist oft impulsiv und launisch. Trotzdem bemüht er sich, gerecht zu sein. Er ist großzügig, und für ein »Spielchen« – gleich, welcher Art – ist er schnell zu haben. Aber an seine persönlichen Dinge läßt er so schnell keinen ran!

Spiele besonderer Art sind für den Tiger die Liebesabenteuer. Es macht ihm Spaß, seine Beute bis zu dessen Erschöpfung zu jagen, um sich dann, die Beute noch fast in den Pranken, schon einem neuen Jagdspiel hinzugeben.

Der Gedanke an die Ehe kann einen Tiger in Panik versetzen, denn er kann es sich nicht vorstellen, nur einer Frau treu zu sein. Ist er aber einmal verheiratet, so wird er von sich aus seine Ehe nicht aufgeben. Er wird einer Scheidung nur zustimmen, wenn er von seiner Partnerin betrogen wurde.

Eine Frau, die es versteht, ihrem Tiger die nötige Freiheit zu lassen, kann in ihm einen ausgezeichneten Ehepartner haben.

Auch im Berufsleben braucht er viel Freiheit. Er kann dann scheinbar Unmögliches vollbringen. Tiger sind gute Vorgesetzte und setzen sich ohne Rücksicht auf ihre Person für Gerechtigkeit ein.

Bewundern Sie Ihren Tiger von Zeit zu Zeit, aber machen Sie nicht den Fehler, ihn zu bemuttern!

Harmonie mit dem Du
– der Tiger und die anderen Tiersymbole

Tiere, die gut zum Tiger passen:

	Freundschaft	*Ehe*	*Geschäft*
sehr gut:	Tiger, Drache	Pferd	Drache
gut:	Pferd, Hund	Tiger	Pferd, Schwein
mittel:	Schwein	Schwein	Affe

Der Tiger und seine Tierpartner

Tiger mit Tiger:
Für eine feste Beziehung sind sie sich zu ähnlich – jeder will dominieren, aber sie können wunderbar miteinander schmusen und sich für kurze Zeit sehr gut verstehen. Sie können ideale Partner sein, wenn sie sich gemeinsam für eine Sache einsetzen.

Tiger mit Ratte:
Meistens gehen sie sich aus dem Weg, doch wenn sie eine kurze Wegstrecke beisammen bleiben, kann dies für beide nur von Vorteil sein. Die Schlauheit der Ratte und die Unnachgiebigkeit des Tigers können so manchen das Fürchten lehren. Es kann jedoch oft zu Machtkämpfen kommen, wenn keiner von seiner Meinung abzubringen ist.

Tiger mit Büffel:
Beide sind sie stark, aber wer ordnet sich unter? Es müßte der Tiger sein, denn im Kampf ist der Büffel stärker. Am besten verstehen sie sich, wenn sie genügend Abstand voneinander haben.

Tiger mit Hase:
Der Tiger wird den Hasen beschützen, und der Hase wird ihn nach allen Regeln der Kunst verwöhnen. Das kann lange gut gehen, schon deshalb, weil der Hase den starken Tiger bewundert. Ob jedoch der Hase mit den Aufregungen fertig wird, die der Tiger verursacht? Auf jeden Fall eine nicht ganz unproblematische Verbindung ...

Tiger mit Drache:
Daß der Drache stärker ist, merkt auch gleich der stolze Tiger, der ihn auch respektiert. Der Tiger bewundert seinen starken Partner, von dem er außerdem so manchen klugen Rat holen kann. Dadurch wird der Mut des Tigers noch größer.

Tiger mit Schlange:
Sie können kurze Zeit voneinander begeistert sein, für eine ernstere Bindung sind sie jedoch zu verschieden. Jeder Partner lebt in seiner Welt, die vom anderen grundverschieden ist. Auch die Vorgehensweise der Schlange auf der Jagd nach Beute widerspricht dem Tiger, denn er greift offen, beherzt und manchmal auch unüberlegt an.

Tiger mit Pferd:
Sie sind ein ausgezeichnetes Gespann – in der Liebe, in der Freundschaft und als Geschäftspartner. Das Pferd bewundert den Tiger, der dadurch noch mehr angespornt wird, und auch der Tiger zollt dem zuverlässigen und ehrenhaften Pferd Anerkennung. Sie sind beide gleich dynamisch und mutig, aber das Pferd wittert die Gefahr und mahnt den Tiger zur Vorsicht.

Tiger mit Schaf:
Die andauernde Kritik des Schafes kann den Tiger sehr zornig machen, aber das Schaf kann es trotzdem nicht lassen, und so reißt der Ärger nie ab. Kann das noch lange weitergehen?

Tiger mit Affe:
Sogar mit dem Tiger treiben die übermütigen Affen ihre Späßchen, natürlich wird dies dem Tiger einmal zuviel... Der Affe bewundert die Stärke und den Mut des Tigers, während der Tiger die Behendigkeit und Witzigkeit des Affen rühmt. Obwohl sich beide mögen: Der Affe muß seine spitze Zunge im Zaum halten.

Tiger mit Hahn:
Sie sind sich sehr ähnlich, und nur wenn die gegenseitige Liebe stark ist, kann sie von Dauer sein.
Ihre Gleichheit: Jeder will bewundert werden, jeder will der Größte sein, jeder ist auf Abenteuer aus und jeder muß immer Recht haben, und deshalb kann es immer wieder zu Machtkämpfen kommen.

Tiger mit Hund:
Hund und Tiger verstehen sich auf Anhieb – sie brauchen gar keine großen Worte zu machen. Tiger bewundern den Idealismus des Hundes, und dieser wiederum ist vom Mut und der Offenheit des Tigers fasziniert. Ein treuer Hund an der Seite des Tigers läßt diesen ruhiger werden. Der Tiger schätzt auch den klugen Rat des Hundes, der ihn oft vor übereiltem Handeln warnt.

In der Liebe und als Freunde können sie die besten Partner sein, als Geschäftspartner könnten sich beide in eine Idee verrennen und bankrott machen.

Tiger mit Schwein:
Sympathie ist auch hier vorhanden: Das gutmütige Schwein bewundert den feurigen Tiger, und das tut diesem sehr gut. Das Schwein hält den Tiger auch vor manchem Sprung in ein Abenteuer zurück, denn der Tiger legt Wert auf den Rat seines klugen Freundes. Schweine bringen nicht nur Glück, sie haben auch eine glückliche Hand. In Geldangelegenheiten und in allem, was sich ums Geschäft dreht. Das gefällt dem Tiger natürlich überaus!

Der Tiger in seinen Elementen

(Zur genauen Zuordnung Ihres Tiersymbols mit seinen Elementen zu Ihrem Geburtsdatum, vgl. Tabelle, S. 139 ff.).

Holz-Tiger (1914, 1974, 2034):
Ein Holz-Tiger ist viel ausgeglichener als ein Tiger der anderen Elemente. Der Umgang mit ihm ist angenehm, denn er ist aus seinem Innern heraus fröhlich und sorgt unbewußt für Schwung und Stimmung. Auch versteht er es, die passenden Leute zusammenzubringen. Er ist jedoch sehr oberflächlich und vermeidet es, den Dingen auf den Grund zu gehen. Es sind meist die Äußerlichkeiten, die ihn anziehen. Er ist einfallsreich und versteht es, zu improvisieren. Vorsicht, wer an ihm Kritik übt: Es kann ins Auge gehen!

Feuer-Tiger (1866, 1926, 1986):
Es ist der feurigste Typ von allen. Persönlich setzt er sich mit Haut und Haaren für eine Sache ein, die ihn begeistert. Und es ist sehr viel, was ihn »packt«! Er ist voll Selbstvertrauen, und es

gelingt ihm auch meist alles, was er sich vornimmt. Er strahlt so viel Zuversicht aus, daß er seinen Partner oder Gegner dadurch beinahe »verhext«. Seine Ziele sind meist uneigennützig und ideell. Enttäuschend für seine Umwelt ist, daß er sein Ziel ohne Ausdauer verfolgt, er wendet sich bald wieder neuen Aufgaben und neuen Zielen zu.

Erd-Tiger (1878, 1938, 1998):
Auch Erd-Tiger sind nicht so hektisch wie die übrigen Brüder. Sie überlegen und sie handeln voll Verantwortungsbewußtsein. Er ist sein ganzes Leben lang auf der Suche nach der Wahrheit. Obwohl Realist, kann er sehr kreativ sein. Seine Ausstrahlung und seine Wirkung auf andere sind groß. Er handelt nicht intuitiv, sondern »arbeitet« mit dem Kopf. Enttäuschungen wird es bei ihm kaum geben. Aber er hat kein Sitzfleisch und einmal »oben« angelangt, zeigt er sich gern anders als die anderen.

Metall-Tiger (1890, 1950, 2010):
Er ist randvoll mit Energie geladen. Voll Unternehmungslust und voll »action« ist er ein unruhiger Zeitgenosse, der es nie allzulange auf einem Platz aushält. Er liebt die Unabhängigkeit über alles, handelt meist spontan und unkonventionell. Er will gesehen und bewundert werden. Er kann aggressiv und leidenschaftlich sein. Aber eins ist sicher: Was er in die Hand nimmt, wird ein voller Erfolg.

Wasser-Tiger (1902, 1962, 2022):
Dieser ruhige und friedliebende Tiger strebt zwar nach Macht, die Welt will er jedoch nicht erobern. Er ist nicht so impulsiv, er überlegt, bevor er handelt. Er kann sich auch in die Lage eines Mitmenschen versetzen, und er versteht es, mit Menschen aller sozialen Rangstufen gut umzugehen. Seine Schale ist hart, sein Kern weich. Nur wenn es sein muß, zeigt er auch Härte. Den geliebten Partner verwöhnt er nach allen Regeln der Kunst.

Der Tiger im Zwölf-Jahreszyklus

Wenn Sie im Jahr des Tigers geboren sind, sollten Sie auch den Einfluß des folgenden Zwölf-Jahreszyklus mit seinen Tiersymbolen auf das Tiger-Schicksal und die Tiger-Persönlichkeit kennen (vgl. a. Tabelle, S. 19).

- **Jahr der Ratte:** Keine großen materiellen Erfolge, vielleicht sogar manche Rückschläge.

- **Jahr des Büffels:** Übermut ist fehl am Platze. Nur Ausdauer und Fleiß führen zum Ziel.

- **Jahr des Tigers:** Riskieren Sie in diesem Jahr nicht Ihr ganzes Vermögen! Ansonsten ein mittelmäßiges Jahr.

- **Jahr des Hasen:** Es geht allgemein aufwärts. Das Glück kehrt langsam wieder zurück.

- **Jahr des Drachen:** Freud und Leid wechseln einander ab. Privat wie geschäftlich.

- **Jahr der Schlange:** Ein mäßig gutes Jahr. Um Enttäuschungen zu vermeiden, widmen Sie sich mehr dem Partner.

- **Jahr des Pferdes:** Das Ausharren hat sich gelohnt: Erfolg und Glück auf allen Ebenen.

- **Jahr des Schafes:** Viele Änderungen stehen bevor. Das kommt seiner beginnenden Unruhe sehr entgegen.

- **Jahr des Affen:** Hoch und Tief wechseln einander ab. Der Tiger sollte jetzt besonders besonnen sein.

- **Jahr des Hahns:** Erfolge lassen wieder auf sich warten. Es wäre Zeit auszuspannen.

- **Jahr des Hundes:** Der Tiger ist gut drauf. Er hat Glück und Erfolg.

- **Jahr des Schweins:** In diesem Jahr hat der Tiger buchstäblich Schwein. Auch der Rubel rollt.

Der Hase

Sind sie selbst ein Hase? Oder ist es Ihr Partner? Ihr Vorgesetzter? Lesen und vergleichen Sie. Sie werden überraschende Erkenntnisse gewinnen, die Ihnen im Umgang mit dem Du nützlich sind.

- *Element:* Holz
- *Doppelstunde:* 5.00 bis 7.00 Uhr
- *Prinzip:* Yin

Die Jahre des Hasen und das dazugehörige Element

Wenn Sie in dieser Zeit geboren sind, sind Sie ein:

29. Januar 1903–15. Februar 1904	≈	*Wasser*-Hase
14. Februar 1915– 2. Februar 1916	≈	*Holz*-Hase
2. Februar 1927–22. Januar 1928	≈	*Feuer*-Hase
19. Februar 1939– 7. Februar 1940	≈	*Erd*-Hase
6. Februar 1951–26. Januar 1952	≈	*Metall*-Hase
25. Januar 1963–12. Februar 1964	≈	*Wasser*-Hase
11. Februar 1975–30. Januar 1976	≈	*Holz*-Hase
29. Januar 1987–16. Februar 1988	≈	*Feuer*-Hase
16. Februar 1999– 4. Februar 2000	≈	*Erd*-Hase

Prominente Hasen:

Harry Belafonte
(geb. 1. 3. 1927)

Albert Einstein
(geb. 14. 3. 1879)

Frank Sinatra
(geb. 12. 12. 1915)

Arturo Toscanini
(geb. 25. 3. 1867)

Günter Grass
(geb. 16. 10. 1927)

Edith Piaf
(geb. 19. 12. 1915)

Hans-Dietrich Genscher
(geb. 21. 3. 1927)

Orson Welles
(geb. 6. 5. 1915)

Henry James
(geb. 15. 4. 1843)

Konrad Lorenz
(geb. 7. 11. 1903)

Charakter

Im Jahr des Hasen Geborene können sein:
warmherzig, sensibel, friedlich, klug, ehrlich, gesellig, versöhnend, lebenshungrig, ehrlich, treu, umgänglich, gastfreundlich, begabt...

aber auch:
unzufrieden, mißtrauisch, besitzergreifend, zynisch, egozentrisch, einzelgängerisch, altmodisch, feig.

Persönlichkeit und Schicksal

Das oberste Ziel eines Hasen ist die Selbsterhaltung. Er haßt es deshalb auch, Partei für die eine oder andere Sache zu ergreifen. Jeder kleinste Streit – auch als Zuschauer – ist ihm zuviel und verursacht ihm physische Beschwerden. Wenn sich zwei streiten, wird der Hase für keinen Partei ergreifen. Hasen zeigen sich nach außen mutig, denn sie möchten gern mutig sein, sie lassen sich aber sofort ins Boxhorn jagen und sind im Grunde über jedes böse Wort unglücklich. Hasen können sehr einfach und bescheiden leben, denn sie sind bescheiden und uneigennützig.

Das eigene Heim, die »eigenen« vier Wände sind für den Hasen lebensnotwendig. Erst in ihnen kann er sich wohl fühlen und seine vielen Talente auf dem Gebiet der Kunst ausbauen. Das eigene Heim gibt ihm die Kraft für den Alltag, der für den Hasen schon schwer genug ist. Er versteht es aber auch, sein Heim schön zu gestalten und mit vielen erlesenen Dingen zu schmücken. In seinem Heim wird es grünen und blühen, denn er hat den berühmten »grünen Daumen«. Hasen brauchen auch das Gefühl der Sicherheit, um kreativ zu sein. Der sensible Hase übereilt nichts, im Gegenteil. Er kann sich nur schwer für eine

Sache entscheiden. Hasen sind gutmütig und hilfsbereit gegenüber Mensch und Tier.

Ein Hase bangt um sein friedliches Leben, wenn er sich emotional stark bindet. Er geht deshalb nur ungern feste Bindungen ein. Ein Hase meidet alles, was seinen gewohnten Lebensrhythmus bedroht.

Suchen Sie erstklassige Köche und brillante Gastgeber? Es sind die Hasen. Bei ihnen langweilt sich keiner, denn sie sind ausgezeichnete Unterhalter. Ein Hase ist ein ausgezeichneter Freund. Bei Unstimmigkeiten wird er alles tun, um das Vertrauen und die Harmonie wiederherzustellen.
Wer einen Hasen zum Mitarbeiter oder zum Partner hat, kann ihm voll vertrauen. Der Hase will Vorgesetzten gefallen und den Untergebenen ein gutes Beispiel sein.

Liebe:
❤ Ein Hase kann ohne Liebe nicht leben. Nach einer Trennung läuft er schnell dem/der Nächstbesten in die Arme. Wilde Leidenschaft ist dem Hasen ein Greuel. Er bevorzugt die romantische und zärtliche Liebe. Ständige Sticheleien, Vorwürfe oder sogar schon Unachtsamkeit des Partners ihm gegenüber können die Liebe des Hasen zerbrechen.

♀ Die Hase-Frau

Häsinnen ziehen Männer unwiderstehlich in ihren Bann, auch wenn sie nicht schön sind. Sie sind attraktiv, versprühen Charme und bergen in ihren Augen ein Geheimnis, das sie so unwiderstehlich macht. Frau Hase lebt gern im Luxus, sie kann aber auch extrem bescheiden leben. Sie geht gern in Gesellschaft, trampt oder reist konventionell. Sie hat ein offenes Auge und Ohr für ihre Mitmenschen. Eine Häsin ist romantisch; auch ihre Liebe soll romantisch sein; wenn sie im Alltag versinkt, ist das meist das Ende der Beziehung.

Die sensible Hasenfrau muß sich immer wieder in ihr schönes Heim zurückziehen können, damit sie das harte Leben erträgt. Sie versteht es ausgezeichnet, sich geschmackvoll einzurichten, selbst wenn es nur eine Bretterbude ist. Sie wünscht sich ein Häuschen im Grünen. Dort pflanzt sie mit viel Geschick Blumen und Gemüse an. Sie muß nichts an einem Tag beenden und hält nichts von Hektik.

Frau Hase bräuchte genügend Geld, um sich ihren vielen Hobbys zu widmen: der Malerei, der Musik und einer nicht alltäglichen Sportart.

Der Hase-Mann ♂

Die charmanten Hasen sind kleine Genießer – vor allem im Freundeskreis; dort fühlen sie sich am wohlsten. Sie suchen sich nur zuverlässige Freunde und vermeiden jede Art von Streit oder Konflikten. Ihre Ruhe ist ihnen heilig. Hasen leben ihren eigenen Rhythmus, für ihre Arbeit brauchen sie Ruhe und Sicherheit. Als Familienmann mischt sich der Hase in keine Auseinandersetzung hinein; er mischt sich nur dann ein, wenn er seine Familie oder Freunde verteidigen muß. Ein Hase geht jedem Wechsel und jeder Veränderung aus dem Weg.

Selbst wenn er seine Märchenprinzessin gefunden hat, hält Herr Hase nicht viel von einer festen Beziehung: Er hat Angst, sie wieder verlieren zu können und sich damit viel Seelenleid einzuhandeln. Weil er unerreichbar scheint, wird er von vielen Frauen umschwärmt – und das gefällt dem Hasen-Mann. Ein Luftzug genügt, um ihn zu verletzen, und viel Geduld ist nötig, ihn aus dem Schneckenhaus wieder herauszuholen.

Es ist sehr schwer, einen Hasen in den Hafen der Ehe zu locken. Seine Angst, Schiffbruch zu erleiden, ist stärker als der Wunsch, seine Märchenprinzessin zu behalten. Die Ehe ist für ihn ein heiliges Band, das unter keinen Umständen getrennt werden darf, außer – sein Heim ist nicht mehr der schützende Hort. Dann verschwindet Herr Hase lautlos von der Bildfläche ...

Harmonie mit dem Du
– der Hase und die anderen Tiersymbole

Tiere, die gut zum Hasen passen:

	Freundschaft	*Ehe*	*Geschäft*
sehr gut:	Drache	Hase, Schaf	Tiger, Schwein
gut:	Schaf, Schwein, Hund	Schwein, Hund	Hase
mittel:	Pferd, Büffel, Tiger	Drache, Pferd, Schlange	Hund

Der Hase und seine Tierpartner

Hase mit Hase:
Sie vertragen sich sehr gut, genießen beide ein gemütliches Leben, ein schönes Heim und die vielen Hobbys. Weil beide den Frieden über alles lieben, wird es zu keinem Streit kommen. Sie passen sich einander an und haben voreinander Respekt.

Hase mit Ratte:
Auch mit der Ratte wird es keinen Streit geben, denn auch sie liebt den Frieden und die Häuslichkeit. Aber trotz vieler gleicher Interessen wird sich der Hase bald zurückziehen: Die Ratte ist ihm viel zu laut, manchmal auch zu derb und gesellig.

Hase mit Büffel:
Hase und Büffel lieben das eigene Heim, in das sie sich schutzsuchend zurückziehen. Trotzdem werden sich Büffel und Hase auf Dauer kaum verstehen, denn der robuste Büffel wird den sensiblen Hasen bremsen und hemmen. Außerdem ist der Büffel dem lustigen Hasen zu langweilig. Aber Streit wird es nur in Ausnahmefällen geben.

Hase mit Tiger:
Der Mut des Tigers fasziniert jeden Hasen, trotzdem ist eine dauerhafte Verbindung äußerst fragwürdig – sie sind zu verschieden. Die Ruhelosigkeit des Tigers, seine Kraft und sein überschäumendes Temperament lassen einen Hasen verzweifeln und nehmen ihm jede Sicherheit. Als Geschäftspartner können beide jedoch viel erreichen.

Hase mit Drache:
Die Liebe des Hasen zum Drachen kann so groß sein, daß er dafür bereit ist, vieles aufzugeben. Der Hase bewundert am Drachen einfach alles: seine Schönheit, seinen Geist, seine Kraft. Es wird nicht leicht sein, den Drachen an das Heim zu fesseln, aber für den phantasievollen und künstlerisch begabten Hasen ist das sicher keine unlösbare Aufgabe.

Hase mit Schlange:
Diese Verbindung kann die ganz große Liebe sein; die Initiative geht allerdings von der klugen Schlange aus. Der Hase bringt

Opfer, um der Schlange zu gefallen, und paßt sich ihr an. Wenn er jedoch von der Untreue der Schlange erfährt, kann er ohne Vorwarnung das Weite suchen.

Hase mit Pferd:
Der Hase bewundert das temperamentvolle Pferd und läßt sich von seinen Prahlereien beeindrucken. Wenn der Hase seinem Pferdchen freie Zügel läßt, wird es brav in seinen schönen Stall zurückkehren und mit dem Hasen ein zufriedenes Leben führen.

Hase mit Schaf:
Diese ausgezeichnete Verbindung bewährt sich sowohl als Freundschaft oder Ehe als auch als Geschäftspartnerschaft. Hasen suchen das Zusammensein mit einem Schaf. Sie haben ja so viel gemeinsam – sie können mit dem sanften Schaf gemeinsam träumen und ihre künstlerischen Hobbys ausüben. Das Schaf ist genauso friedliebend und häuslich wie der Hase, und beide sehnen sich nach Sicherheit. Wichtig ist, daß die Finanzen stimmen, dann können beide glücklich werden.

Hase mit Affe:
Affen können die besten Freunde der Hasen sein – trotzdem bleiben Streitigkeiten und Rivalitäten nicht aus. Der Affe wird den Hasen mit seinen Späßen aufmuntern, und der Hase wird den lustigen Affen umsorgen und ihm ein sicheres Refugium geben. Sie fördern sich gegenseitig: Der Affe macht dem eher ängstlichen, zaghaften Hasen Mut, und der Hase hält den übermütigen Affen etwas zurück.

Hase mit Hahn:
Aufgrund der großen Gegensätze kommt es manchmal zu lautstarken Meinungsverschiedenheiten. Das ist jedoch zuviel für den Hasen. Auseinandersetzungen im eigenen Heim übersteigen seine Kräfte! Der Hahn sollte deshalb besondere Rücksicht auf seinen geliebten, empfindlichen Hasen nehmen und sich vor größeren Entscheidungen in aller Ruhe mit seinem Hase-Partner besprechen.

Hase mit Hund:
Ein zufriedenes Paar, voll gegenseitigem Vertrauen. Vielleicht eine dauerhafte Ehe. Der Hund ist dem Hasen ein zuverlässiger

und treuer Partner. Durch die Zuneigung und Zärtlichkeit des Hasen gewinnt der Hund mehr Selbstvertrauen. Der Hase versteht es auch, das gemeinsame Heim zu einer kleinen Burg auszubauen, in die sich beide nicht selten vor dem Lärm der Welt zurückziehen. Die beiden schaffen viel: Der Hase ist fleißig, und der Hund ein geschickter Geschäftsmann.

Hase mit Schwein:
Mit dem Schwein als Verbündeten hat der Hase tatsächlich »Schwein«. Partner Schwein gibt dem sensiblen Hasen die Ruhe und Sicherheit, die er braucht. Es hat aber auch das finanzielle Rückgrat, das der Hase braucht, um sorglos seinen vielen Hobbys nachzugehen. Schweine sind in Geldangelegenheiten sehr geschickt, und darauf kann der Hase immer vertrauen und das Leben zusammen mit dem Partner genießen.

Der Hase in seinen Elementen

(Zur genauen Zuordnung Ihres Tiersymbols mit seinen Elementen zu Ihrem Geburtsdatum, vgl. Tabelle, S. 139 ff.).

Holz-Hase (1915, 1975, 2035):
Nein-Sagen hat der Holz-Hase nie gelernt. Er ist ein hilfsbereiter Hase mit sehr viel Verständnis für die Probleme der anderen. Er ist ein geselliger Typ. In einer Gruppe Gleicher blüht er so richtig auf und kann viel leisten. Er ist keinesfalls ein Einzelgänger. Immer fröhlich in Gesellschaft, wird er, wenn er allein ist, von Selbstzweifeln geplagt. Autoritären Menschen geht er aus dem Weg. Sie erdrücken ihn. Von Diplomatie versteht er nicht viel. Er sagt offen, was er von dem anderen hält. Sein Nachteil: Er kann sich nicht entscheiden.

Feuer-Hase (1927, 1987, 2047):
Hei, ist der Feuer-Hase lebhaft und aktiv! Er ist auch künstlerisch begabt und diesbezüglich sehr kreativ. Zudem scheint er übersinnliche Fähigkeiten zu haben und die Gedanken seiner Mitmenschen zu »erraten«. Er kann jedoch sehr launisch sein, gereizt und aggressiv. Große Freude hat er mit seinem Heim, das er mit schönen und originellen, oft selbstgemachten Dingen ausschmückt.

Erd-Hase (1879, 1939, 1999):

Der Erd-Hase langweilt sich nie; er hat dafür viel zu viele Hobbys. Er meidet jede Hektik und fühlt sich in seinen vier Wänden am wohlsten. Er braucht Sicherheit – bei seinem Partner und im Beruf, denn nicht selten verfällt er in Weltuntergangsstimmung. Glücklich wird er nur gemeinsam mit einem starken Partner. Als Skeptiker vertraut er nicht dem äußeren Schein. Der Erd-Hase ist intelligent, seine Handlungen sind überlegt. Er ist Materialist und versteht es, von der Gunst der Stunde zu profitieren, um sein Territorium oder sein Bankkonto zu vergrößern ...

Metall-Hase (1891, 1951, 2011):

Kompromissen geht er aus dem Weg, und eine ungeliebte Tätigkeit wird er nur in äußersten Notfällen ausüben. Er genießt mit Freunden das Leben und tut nur, was ihm Spaß macht. Obwohl er viele Bewunderer hat, wird er oft von körperlichen Schmerzen verfolgt, die seelische Ursachen haben: Hemmungen und Selbstzweifel sind bei ihm sehr stark. Er ist ein talentierter Sportler. Alles gelingt ihm ohne Mühe und Anstrengung. Er braucht sehr lange, um sich zu entscheiden, denn er muß zuvor alles bis ins kleinste erwägen. Dadurch kommt er oft zu spät.

Wasser-Hase (1903, 1963, 2023):

Hasen sind sensible Zeitgenossen, und der Wasser-Hase ist besonders sensibel! Eine Mimik, die er falsch auslegt, oder ein Schwanken in der Stimme kann ihn schon verletzen. Nach außen gibt er sich heiter und offen, in Wirklichkeit ist er ein Mensch, der in seiner Welt lebt, ein kreativer Künstler, der von seiner Umgebung inspiriert wird. Er ist sehr beliebt, denn er hat viel Charme. Ist er in Not, holt er bei seinen Freunden Hilfe. Der Wasser-Hase drückt sich vor größeren Entscheidungen. Er vermeidet es, offen für oder gegen etwas Stellung zu nehmen, denn verletzbar wie er ist, möchte er sein Gegenüber nicht verletzen. Er ist ein »Ja«-Sager, ein Nein vermeidet er gänzlich, selbst wenn er weiß, daß er das Versprochene nicht ausführen kann: Er will niemanden verletzen. Das wird oft als Unzuverlässigkeit gedeutet. Selbst Meinungsverschiedenheiten, die ihn nur am Rande angehen, geht er aus dem Weg; er erträgt sie einfach nicht.

Der Hase im Zwölf-Jahreszyklus

Wenn Sie im Jahr des Hasen geboren sind, sollten Sie auch den Einfluß des folgenden Zwölf-Jahreszyklus mit seinen Tiersymbolen auf das Hasen-Schicksal und die Hasen-Persönlichkeit kennen (vgl. Tabelle, S. 19).

- **Jahr der Ratte:** Ein Jahr ohne Enttäuschungen. Mit Zielstrebigkeit gelingt so manches.

- **Jahr des Büffels:** Die Nervosität in diesem Jahr, vielleicht sogar Hektik, könnte sich gesundheitlich negativ auswirken.

- **Jahr des Tigers:** Abwarten soll jetzt Ihre Devise sein; Sie ersparen sich somit manche Unannehmlichkeiten.

- **Jahr des Hasen:** Darauf haben Sie schon lange gewartet: Glück und Erfolg auf der ganzen Linie.

- **Jahr des Drachen:** Es tut sich viel. Meist Positives.

- **Jahr der Schlange:** So manche Veränderungen und Schwierigkeiten sind angesagt. Der Hase muß auf der Hut sein.

- **Jahr des Pferdes:** Ein Jahr, auf das sich jeder Hase freuen kann: viel Sonnenschein und neue Freunde.

- **Jahr des Schafes:** Es geht weiter aufwärts. Auch die Psyche erholt sich wieder.

- **Jahr des Affen:** Sehen Sie sich Ihre neuen Freunde gut an: Man könnte Ihnen ein Bein stellen.

- **Jahr des Hahns:** Gönnen Sie sich Ruhe. Sie brauchen sie, um Rückschläge zu verkraften.

- **Jahr des Hundes:** Jetzt kann der Hase endlich aufatmen. Was bisher schief lief, wendet sich zum Guten.

- **Jahr des Schweins:** Ende gut, alles gut. Aber werden Sie nicht übermütig.

Der Drache

Sind Sie selbst ein Drache? Oder ist es Ihr Partner? Ihr Vorgesetzter? Lesen und vergleichen Sie. Sie werden überraschende Erkenntnisse gewinnen, die Ihnen im Umgang mit dem Du nützlich sind.

- *Element:* Holz
- *Doppelstunde:* 7.00 bis 9.00 Uhr
- *Prinzip:* Yang

Die Jahre des Drachen und das dazugehörige Element

Wenn Sie in dieser Zeit geboren sind, sind Sie ein:

16. Februar 1904– 3. Februar 1905	≈	*Holz*-Drache
3. Februar 1916–22. Januar 1917	≈	*Feuer*-Drache
23. Januar 1928– 9. Februar 1929	≈	*Erd*-Drache
8. Februar 1940–26. Januar 1941	≈	*Metall*-Drache
27. Januar 1952–13. Februar 1953	≈	*Wasser*-Drache
13. Februar 1964– 1. Februar 1965	≈	*Holz*-Drache
31. Januar 1976–17. Februar 1977	≈	*Feuer*-Drache
17. Februar 1988– 5. Februar 1989	≈	*Erd*-Drache
5. Februar 2000–24. Januar 2001	≈	*Metall*-Drache

Prominente Drachen:

George Bernard Shaw
(geb. 26. 7. 1856)

Darius Milhaud
(geb. 4. 9. 1892)

Graham Greene
(geb. 2. 10. 1904)

Franz Schubert
(geb. 31. 1. 1797)

Francois Mitterrand
(geb. 26. 10. 1916)

Jehudi Menuhin
(geb. 22. 4. 1916)

Jean Gabin
(geb. 17. 5. 1904)

Friedrich Nietzsche
(geb. 15. 10. 1844)

Shirley Temple
(geb. 23. 4. 1928)

Wilhelm Leibl
(geb. 23. 10. 1844)

Charakter

Im Jahr des Drachen Geborene können sein:
kühn, beherzt, hartnäckig, zäh, enthusiastisch, großzügig, unabhängig, wachsam, aufrichtig, mächtig, überaktiv...

aber auch:
ungeduldig, intolerant, machthungrig, impulsiv, unruhig, unzufrieden, schwatzhaft, stolz.

Persönlichkeit und Schicksal

Wo der Drache in Erscheinung tritt, funkt es, da ist etwas los!
Allein durch sein Auftreten begeistert er, aber: Auf Mitarbeit
legt er meist keinen Wert. Drachen machen am liebsten alles
allein. Wille und Tatkraft eines Drachen sind so stark, daß sie
scheinbar die Sterne vom Himmel holen können. Sie können
Tag und Nacht arbeiten, wenn sie wollen, auch an Feiertagen.
Arbeit macht ihnen Spaß, sie sind immer mit Freude dabei. In
ihrem Überschwang schießen Drachen oft über das Ziel hinaus.
Sie wollen es ja mit jedem Gegner aufnehmen, sie wollen jedes
Hindernis aus dem Weg räumen. Da verwundert es nicht, daß
Drachen viele Bewunderer haben, aber auch viele Neider und
nur wenig Freunde. Das ist schade, denn auf einen Drachen-
Freund kann man sich in Notfällen immer verlassen. Bei Not
und Gefahr ist ein Drache immer zur Stelle, und er geht erst
wieder, wenn der Sturm vorüber ist. Dann allerdings bleibt er
lange Zeit fern, und selbst wenn Wochen dazwischen liegen, für
einen Drachen war es nur ein kurzes Fernbleiben.
Drachen lieben und verteidigen nichts so sehr wie ihre Unabhängigkeit. Nur wenn sie sich frei fühlen, können sie etwas
erreichen, sind sie auch mächtig. Ein Drache steckt immer voller Ideen und Pläne, auch wenn er sich nach außen hin ruhig
gibt. Und – er erreicht beinahe alles, was er sich in den Kopf
setzt, denn er ist sehr geschickt und weiß sich immer zu helfen;

er kann improvisieren und zieht im Notfall schnell sein eigenes Patent aus der Tasche. Drachen sind meist Praktiker. Sie haben zum Philosophieren weder Lust noch Zeit. Trotzdem »grübelt« ein Drache gern, vor allem ist er von der Esoterik mächtig angezogen. Obwohl es für Drachen nicht selbstverständlich ist, mit anderen zu teilen, können sie doch, wenn sie wollen, großzügig sein. Obwohl der Drache es nicht zeigt, liebt er alle Menschen; einige von ihnen ganz besonders. Es liegt ihm jedoch nicht, seine Sympathie offen zu zeigen und seine Zuneigung dem anderen mitzuteilen. Wenn es dem Drachen selbst schlecht geht, sagt er es keinem. Er verschwindet nur kurz von der Bildfläche und zeigt sich erst wieder, wenn alles okay ist. Ein Drache kann noch so viel erreichen, seine Unruhe treibt ihn doch immer weiter und nach jedem erreichten Ziel fragt er sich: »War das schon alles?«

Liebe:
❤ Sie ist für den Drachen allgegenwärtig. Im Zweifelsfall wird er sich jedoch immer für seine Karriere entscheiden. Drachen üben auf das andere Geschlecht eine große Faszination aus. Man findet sie unwiderstehlich.
Der Drache selbst duldet auf Dauer nur starke Partner.

◆ **Achtung:** Versuchen Sie nicht, einen Drachen zu binden. Vor allem, was nach Fesseln riecht, läuft er davon!

Die Drache-Frau ♀

Die Drache-Eva fasziniert auch dann, wenn sie nicht schön ist. Sie hat »das gewisse Etwas«. Die Drache-Frau ist unabhängig und selbstsicher. In ihren Augen gibt es nichts, was sie nicht schaffen könnte, selbst wenn es sich um typisch männliche Arbeit handelt. Ihr Leitspruch ist: »Was andere können, kann ich auch – manchmal sogar besser.« Die Drache-Frau ist zielstrebig. Um zu erreichen, was sie sich vorgenommen hat (und das ist nicht wenig), ist sie zu (beinahe) allem bereit. Die Drache-Frau eignet sich sehr gut zu Führungspositionen. Sie ist auch fähig, ein großes Unternehmen erfolgreich zu managen. Obwohl sie Autorität ausstrahlt, ist sie keineswegs eine Tyrannin – oh nein! Sie besitzt viel Herzenswärme und ist stets bereit zu helfen. Sie erwartet dafür nur ein Dankeschön. Um Großes zu schaffen, braucht eine Drache-Frau nur eines: Bewunderung und Liebe.

Sie muß von ihnen immer umgeben sein, dann kann sie selbst Unmögliches erreichen.

Tip:
◆ Spielen Sie nur mit offenen Karten, seien Sie offen. Die Drache-Frau, die Verlogenheit haßt, wird es Ihnen danken. Sie kann verzeihen und auch großzügig sein. Wenn der Partner es wünscht, wird sie ihn gehen lassen. Aber wehe, wenn sie betrogen wird! Dann ist sie in ihrem Zorn nicht mehr zu bremsen!

Achtung:
◆ Drache-Frauen haben oft eine scharfe Zunge!

♂ ## Der Drache-Mann

Der Drache-Mann liebt die Liebe. Sie ist für ihn ein angenehmer Zeitvertreib. Die große Liebe erlebt er nur selten, aber dann will er immer an ihr festhalten. Treu bleibt er jedoch nicht. Er will ausprobieren und macht sich über die Konsequenzen keine großen Gedanken. Seine zur Schau getragene Sicherheit seinen Bewunderern gegenüber täuscht jedoch; in sexueller Hinsicht ist er meist schüchtern.

◆ **Vorsicht:** Der Drache-Adam neigt zu plötzlichen Wutausbrüchen, oft nur aus Kleinigkeiten, manchmal sogar unbegründet. Der Zorn verraucht jedoch genauso schnell, wie er ausgebrochen ist. Wenn der Drache sich von seiner negativen Seite zeigt, ist er selbstsüchtig und intolerant.

Harmonie mit dem Du
– der Drache und die anderen Tiersymbole

Tiere, die gut zum Drachen passen:

	Freundschaft	*Ehe*	*Geschäft*
sehr gut:	Tiger, Schlange, Affe	Ratte, Affe, Hase	Schlange, Ratte
gut:	Ratte, Schaf, Pferd	Tiger, Hase, Schlange	Affe, Büffel
mittel:	Schwein	Schaf	Drache

Der Drache und seine Tierpartner

Drache mit Drache:
Es gibt keine großen Probleme, man versteht sich und steuert gemeinsam auf die großen Ziele zu. Der eine bewundert den anderen, und jeder hilft, wenn es dem anderen schlecht geht.

Drache mit Ratte:
Ratten sind große Drachen-Verehrer und lassen sich viel einfallen, wenn es gilt, den Drachen zu erobern und festzuhalten. Sie sind verständnisvoll und warmherzig. Eine gute Kombination für geschäftliche Beziehungen ist Ratte mit Drache. Beide sind materialistisch, und wenn dem Drachen einmal die Schläue fehlt, ist die Ratte mit ihrer Raffinesse zur Stelle.

Drache mit Büffel:
Wenn sie gemeinsam für ein Ziel arbeiten, können die beiden viel erreichen. Wo der Drache stürmisch drauflos will, handelt der Büffel mit Umsicht und Überlegung. Beide haben großen Respekt voreinander, trotzdem fliegen recht oft die Funken!

Drache mit Tiger:
Sie sind ein ideales Freundespaar, wenn beide ihre feurige Natur bändigen. Der Drache, der die Ideale des Tigers bewundert, unterstützt ihn, und der Tiger wird an der Seite des energiegeladenen Drachen viel ausdauernder sein.

Drache mit Hase:
Der Hase hält mit seiner Bewunderung für den Drachen nicht zurück. Das gefällt dem Drachen. Er schätzt außerdem die Zärtlichkeit des Hasen und das schöne Heim, das ihm sein Partner bietet. Hier kann er von seinen Abenteuern ausruhen. Der Hase zeigt zwar viel Verständnis für den Drachen, seine Geduld ist jedoch nicht grenzenlos . . .

Drache mit Schlange:
Der Drache fühlt sich wohl an der Seite der schönen Schlange, aber das ist nicht alles, was sie aneinander bindet: Sie fühlen sich seelenverwandt und können wunderbare Freunde sein. Beide sind weise und klug; beide sind bestrebt, ihren materiellen Besitz zu vermehren. Die schöne Schlange bewundert den feurigen

Drachen. Auch als Geschäftspartner können beide erfolgreich sein. Der Einfluß der Schlange wirkt beruhigend auf den Drachen, während der Drache der Schlange immer wieder von neuem Mut macht.

Drache mit Pferd:

Sie verstehen sich, sie mögen sich – aber sie bringen dieselben Untugenden mit. Sie sind ungezügelt und halten immer wieder nach neuen Unternehmungen Ausschau; sind immer wieder auf der Jagd nach neuen Abenteuern. Wenn es beiden genügt, aneinander vorbei zu leben, kann es gut gehen. Trotzdem gelingt es dem egoistischen Pferd, den Drachen vorübergehend eng an sich zu binden.

Drache mit Schaf:

Meistens übersieht der stolze Drache das zartbesaitete Schaf, und wenn er ihm den Hof macht, dann geschieht dies so stürmisch, daß das Schaf Reißaus nimmt. Eine Verbindung könnte dauerhaft sein, denn mit einem Schaf an seiner Seite hat der Drache keine finanziellen Probleme mehr. Das kunstbegabte Schaf wiederum könnte im Drachen einen erfolgreichen Manager finden.

Drache mit Affe:

Mit dem Affen könnte der Drache durch dick und dünn gehen, viel erreichen und glücklich werden, denn sie ergänzen sich in jeder Beziehung. Wenn sich beide etwas vornehmen, können sie es auch erreichen. Als Geschäftspartner sind sie erfolgreich, und in einer Liebesbeziehung dürfte auch alles klappen.

Drache mit Hahn:

Gleich vorweggenommen: Der Hahn muß den Drachen als führenden Partner akzeptieren. Dann geht alles gut. Wenn sich der Drache in geschäftlichen Dingen vom klugen Hahn leiten läßt, sind sie ein unschlagbares Team. Die beiden zusammen sprühen vor Temperament und sind voller Pläne.

Drache mit Hund:

Zwischen beiden kann es zu immerwährenden Reibereien oder gar Streit kommen. Sie sind zu verschieden und können sich nicht verstehen. Der Drache wird dem Hund untreu, und das verletzt den Partner sehr. Der Hund kann seinem Drachen Kraft und Energie nehmen, so daß er zu keinem Höhenflug mehr fähig ist.

Drache mit Schwein:
Der Drache blüht durch das Schwein, das ihn nach allen Regeln der Kunst verwöhnt, regelrecht auf. Aber auch der Drache wird sein Schwein verwöhnen, und so verbringen sie viele genußfreudige Tage. Wenn das Geld zwischendurch ausgeht, ist der Drache bereit, hart zu arbeiten.

Der Drache in seinen Elementen

(Zur genauen Zuordnung Ihres Tiersymbols mit seinen Elementen zu Ihrem Geburtsdatum, vgl. Tabelle, S. 139 ff.).

Holz-Drache (1904, 1964, 2024):
Er ist der Drache mit den meisten künstlerischen Fähigkeiten. Er ist gesellig, warmherzig und sehr kreativ. Dieser großherzige Drache muß sein Ziel nicht um jeden Preis erreichen – er wählt den vernünftigen Mittelweg. Er ist genial veranlagt, was aber allzu leicht in Verrücktheit und in verrücktes Handeln umkippen kann. Er ist bereit, Konzessionen zu machen, wenn er dadurch sein Ziel schneller erreicht. Ein liebenswerter, friedlicher Drache.

Feuer-Drache (1916, 1976, 2036):
Er kippt beinahe über vor Energie und Übermut. Der Drache mit ausgezeichneten Führungsqualitäten will wie ein Herrscher behandelt werden – er hat aber auch alle Anlagen für einen typischen Tyrannen. Trotzdem ist er strebsam und pflichtbewußt. Er ist sehr ehrgeizig und kann im Kampf um die Macht rücksichtslos sein. Er hat die Fähigkeit, Altes umzukrempeln und neu zu ordnen. Was ihm meist fehlt, ist Bescheidenheit.

Erd-Drache (1868, 1928, 1988):
Er ist der realistischste Drache und ständig bestrebt, sein Wissen und sein Können weiter auszubauen und zu perfektionieren. Aber auch er ist vom Zwang beherrscht, seine Umwelt zu leiten und zu kontrollieren. Halbheiten sind ihm ein Greuel, ebenso krumme Touren und unsaubere Machenschaften. Er hat

einen starken Gerechtigkeitssinn. Um Großes zu leisten, braucht er die seelische Unterstützung seines Partners oder seiner Familie.

Metall-Drache (1880, 1940, 2000):
Dem Metall-Drachen läuft das Glück entgegen. Wie könnte es auch anders sein? Er ist temperamentvoll, immer in Aktion und gleichzeitig von seinem Erfolg überzeugt. Er ist von seinen Unternehmungen so begeistert, daß er auch schwächere Partner erfolgreich mitreißen kann. Was er sich in den Kopf setzt, erreicht er. Dabei geht er undiplomatisch vor: Er legt seine Karten offen auf den Tisch.

Wasser-Drache (1892, 1952, 2012):
Der Wasser-Drache zeigt Charakter. Er bleibt sich und seinen Zielen auch dann treu, wenn andere schon längst die Farben gewechselt haben. Er ist in allen seinen Handlungen überlegt; man könnte ihn einen »Weisen« nennen. Andersgesinnten begegnet er mit Respekt und Toleranz. Er ist ein geschickter Verhandlungstaktiker. Mit besonders schwierigen Aufgaben belastet er sich nicht. Er hält die Zeit frei für sichere und nutzbringende Aktionen.

Der Drache im Zwölf-Jahreszyklus

Wenn Sie im Jahr des Drachen geboren sind, sollten Sie auch den Einfluß des folgenden Zwölf-Jahreszyklus mit seinen Tiersymbolen auf das Drachen-Schicksal und die Drachen-Persönlichkeit kennen (vgl. a. Tabelle, S. 19).

- **Jahr der Ratte:** In diesem Jahr kann der Drache so manches Sümmchen zurücklegen und sich sorglos für einige Zeit der Ruhe und Entspannung hingeben.

- **Jahr des Büffels:** Ein Jahr ohne großes Auf und Ab. Ohne Streit und Zwischenfälle.

- **Jahr des Tigers:** Jetzt kann der Drache den auftretenden Problemen im geschäftlichen wie privaten Bereich gestärkt entgegentreten.

- **Jahr des Hasen:** Der ärgste Sturm hat sich wieder gelegt. Der Drache hat wieder alles im Griff.

- **Jahr des Drachen:** Freudige Überraschungen erwarten den Drachen. In diesem Jahr kann er ruhig etwas wagen.

- **Jahr der Schlange:** Nur nicht übermütig werden! Dem Drachen gelingt noch immer erstaunlich viel, die Wagnisse sollen aber in Grenzen bleiben.

- **Jahr des Pferdes:** Rückschläge sollten Sie nicht unvorbereitet treffen. Bleiben Sie ruhig: Die Zeit ordnet vieles von selbst.

- **Jahr des Schafes:** Suchen Sie jetzt mehr Erholung im Kreis der Familie. Geschäftlich kein sehr gutes Jahr.

- **Jahr des Affen:** Gehen Sie jetzt nicht mit dem Kopf durch die Wand. Zeigen Sie sich verständnisvoll, und ersticken Sie ausbrechenden Streit im Keim.

- **Jahr des Hahns:** Wieder ein Jahr voller Glück und Sonnenschein auf allen Ebenen.

- **Jahr des Hundes:** Vorsicht im Geschäft! Überprüfen Sie Ihr Vertrauensverhältnis zu Geschäftspartnern. Sie ersparen sich dadurch manchen Ärger.

- **Jahr des Schweins:** Ihre Gesundheit ist weiterhin stabil. Das brauchen Sie, denn Sie haben geschäftlich so manche Hürde zu überspringen.

Die Schlange

Sind Sie selbst eine Schlange? Oder ist es Ihr Partner? Ihr Vorgesetzter? Lesen und vergleichen Sie. Sie werden überraschende Erkenntnisse gewinnen, die Ihnen im Umgang mit dem Du nützlich sind.

- *Element:* Feuer
- *Doppelstunde:* 9.00 bis 11.00 Uhr
- *Prinzip:* Yin

Die Jahre der Schlange und das dazugehörige Element

Wenn Sie in dieser Zeit geboren sind, sind Sie eine:

4. Februar 1905–24. Januar 1906	≈	*Holz*-Schlange
23. Januar 1917–10. Februar 1918	≈	*Feuer*-Schlange
10. Februar 1929–29. Januar 1930	≈	*Erd*-Schlange
27. Januar 1941–14. Februar 1942	≈	*Metall*-Schlange
14. Februar 1953– 2. Februar 1954	≈	*Wasser*-Schlange
2. Februar 1965–20. Januar 1966	≈	*Holz*-Schlange
18. Februar 1977– 6. Februar 1978	≈	*Feuer*-Schlange
6. Februar 1989–26. Januar 1990	≈	*Erd*-Schlange
13. Februar 2002– 1. Februar 2003	≈	*Metall*-Schlange

Prominente Schlangen:

Jean-Paul Sartre
(geb. 21. 6. 1905)

Henri Matisse
(geb. 31. 12. 1869)

Wilhelm Röntgen	Nikolaj Gogol
(geb. 27. 3. 1845)	(geb. 1. 4. 1809)
Pablo Picasso	Greta Garbo
(geb. 25. 10. 1881)	(geb. 18. 9. 1905)
John Osborne	Indira Gandhi
(geb. 12. 12. 1929)	(geb. 19. 11. 1917)
Alfred Nobel	Heinrich Böll
(geb. 21. 10. 1833)	(geb. 21. 12. 1917)

Charakter

Im Jahr der Schlange Geborene können sein:
intelligent, intuitiv, idealistisch, kultiviert, weise, philosophisch, reizvoll, elegant, friedlich, scharfsinnig, zärtlich, zuvorkommend, attraktiv...

aber auch:
skeptisch, mißtrauisch, egoistisch, schwach, neidisch, faul, unbeständig, schlechte Verlierer, knauserig, rachsüchtig, launisch.

Persönlichkeit und Schicksal

Schlangen sind amüsant und geistreich; sie finden fast überall Freunde, die sie jedoch sehr wählerisch aussuchen. Die ruhige und besonnene Schlange schließt sich nicht an jeden an. Ihr gutes Gespür warnt sie, wenn die Wellenlänge eines Partners nicht der ihren entspricht. Die kluge Schlange weiß, daß selbständiges Arbeiten den größten Nutzen bringt. Sie wählt im allgemeinen intellektuell anspruchsvolle und unabhängige Berufe. Schlangen sind nie untätig, auch wenn es den Anschein hat. Ihr Verstand steht nie still und reicht bis in die Tiefen des Seins.
Schlangen haben eine ungeheure Willenskraft – wenn das Schicksal ihnen eine schwere Last auferlegt, tragen sie es, ohne zu murren, bis ans Ende.

Schlangen sind nachtragend. Wer sie einmal enttäuscht hat, dem wird sie nie mehr vertrauen, und wer sie einmal verletzt hat, dem wird sie es einmal heimzahlen. Sie kann darauf lange warten. In Geldangelegenheiten sind Schlangen sehr genau. Eine Schlange weiß Geld zu schätzen und geht damit besonders klug um. Wenn einer ihrer Freunde in Not ist, hilft sie, ohne zu zögern. Schlangen fühlen sich vom Magisch-Mystischen angezogen. Kummer und Leid fressen sie in sich hinein. Sie neigen daher nicht selten zu Magengeschwüren und Nervenzusammenbrüchen. Eine Schlange stellt auch an ihren Partner hohe Ansprüche.

Liebe:
♥ Den Verführungskünsten einer Schlange zu widerstehen, ist beinahe unmöglich. Notfalls hypnotisiert sie die begehrenswerte Person. Sie ist eifersüchtig und möchte den Partner mit Haut und Haaren besitzen, obwohl sie selbst Seitensprüngen nicht abgeneigt ist.

♀ Die Schlange-Frau

Der Charme der Schlange-Eva ist legendär. Sie hat an jedem Finger zehn Verehrer, und sie bleibt auch nie lange solo. Sie ist eine wunderbare Ehefrau und gute Hausfrau, die es versteht, ihrer Familie ein schönes Heim zu bieten – aber sie ist eine strenge Mutter. Sie verlangt Zucht und Ordnung und findet es selbstverständlich, daß sie ihre Familie dominiert. Eine Schlange-Frau muß sich von Zeit zu Zeit in ihr stilles Kämmerlein zurückziehen: lesen, meditieren, nachdenken. Gestärkt und fröhlich stellt sie sich dann wieder den Pflichten des Alltags. In ihrer Haltung zeigt sie Unnahbarkeit. Das liegt in ihrer Natur und ist ihr nicht bewußt. Sie hilft gern, kann sich aber am Erfolg anderer nicht mitfreuen. Verletzter Stolz kann sie zur großen Hasserin machen.
Sie zeigt nie, was sie wirklich denkt und fühlt, und auch ihrem Partner verrät sie nur selten ihre wahren Gefühle.
Sie läßt meist nur ihre eigene Meinung gelten und fühlt sich selbst oft unverstanden.

♂ Der Schlange-Mann

Der Schlange-Mann kann beruflich und in der Liebe über Leichen gehen – er empfindet das aber gar nicht so, denn sein Selbstbewußtsein ist so groß, daß er alles, was er tut, für gut und richtig hält.
Er ist intelligent und hat viele hervorragende Einfälle. Er kann auch ein talentierter Erfinder sein. Oft ist er karitativ tätig, denn

er ist für ideelle Aufgaben sehr aufgeschlossen. Von seiner eigenen Tasche freilich kommt nicht viel dazu. Für Philosophie hat der Schlange-Mann viel übrig. Er verfolgt sein Ziel mit Hartnäckigkeit und erreicht es mit Charme und Strebsamkeit.

Der Schlange-Adam wird von vielen Frauen umschwärmt – er sagt dazu nur selten nein. Wenn es zu einer Trennung kommt, macht der Schlange-Mann keine Szenen – er läßt seine Partnerin in Frieden ziehen.

Harmonie mit dem Du
– die Schlange und die anderen Tiersymbole

Tiere, die gut zur Schlange passen:

	Freundschaft	Ehe	Geschäft
sehr gut:	Drache, Pferd, Hase	Drache, Hahn	Ratte, Hase
gut:	Schlange, Affe	Pferd, Büffel	Drache, Pferd
mittel:	Schwein, Hund	Hase	Tiger

Die Schlange und ihre Tierpartner

Schlange mit Schlange:
Die beiden Schlangen müssen sich arrangieren, das muß jedoch rechtzeitig geschehen, solange das Eisen noch heiß ist. Schlangen sind leidenschaftliche Liebhaber. Obwohl krankhaft eifersüchtig, lassen sie keinen Flirt aus. Das kann zu Ehekrisen führen.

Schlange mit Ratte:
Die Schlange schätzt die zuverlässige Ratte, auch weil diese sie meist liebevoll umsorgt. Das Wissen, daß der treue Ehepartner zu Hause auf sie wartet, gefällt der Schlange. Die Ratte ist bereit, die Abenteuer der Schlange zu dulden – jedoch in Grenzen. Sie macht dafür auf ihre Art so manche Schwindeleien.

Schlange mit Büffel:
Die Ruhe des Büffels beeinflußt die abenteuerlustige Schlange günstig. Der Büffel liebt es, am häuslichen Herd zu sitzen und zu dominieren; er läßt dafür gern der Schlange dann und wann die nötige Freiheit. Für ihn sind Harmonie und beiderseitiges Verstehen wichtig. Die Schlange will den geliebten Büffel nicht verlieren und schleicht sich daher immer seltener aus dem Haus.

Schlange mit Tiger:
Die Schlange ist vom temperamentvollen Tiger beeindruckt; aber ob das für eine Dauerverbindung reicht? Sie sind doch grundverschieden! In der Ehe könnten manchmal die Fetzen fliegen, denn die Schlange weicht manchmal vom Pfad der Tugend ab...

Schlange mit Hase:
Schlange und Hase verstehen sich ausgezeichnet. Es ist vor allem die Schlange, die den Hasen für sich gewinnen will. Dem Hasen könnte es auch gelingen, die Schlange an das vom Hasen wunderbar ausstaffierte und gemütliche Heim zu fesseln, denn der Familiensinn des Hasen ist so groß, daß er sich auch auf die Schlange übertragen kann. Wenn es die Schlange schafft, treu zu sein, kann es gut gehen.

Schlange mit Drache:
Diese Verbindung ist eine der besten in Liebe und in Freundschaft. Für den dynamischen Drachen ist die Schlange bereit, auf ihre Abenteuer zu verzichten. Schlange und Drache verstehen sich – auch ohne große Worte. Sie sind beide Suchende, fragen sich nach dem Woher und Wohin und haben sich auf jedem Gebiet sehr viel zu sagen und zu geben: Die philosophische Schlange bändigt die Unruhe des Drachen, und der dynamische Drache füllt die Energiereserven der Schlange immer wieder auf.

Schlange mit Pferd:
Das gibt eine prickelnde Liebesbeziehung, aber leider nicht auf Dauer, da sind zu viele Meinungsverschiedenheiten. Die Zornesausbrüche des Pferdes lassen die Schlange jedoch kalt. Dem Pferd ist die Schlange zu langweilig. Beide könnten gute Geschäftspartner werden.

Schlange mit Schaf:
Wenn hier immer das nötige Kleingeld vorhanden ist, gibt es kaum Probleme. Das kunstliebende Schaf, das sich so gern mit Luxus umgibt, fühlt sich in der Gesellschaft der schönen Schlangen wohl. Vorübergehend geht jeder seine eigenen Wege. Sie führen jedoch schon bald wieder zusammen. Das gegenseitige Vertrauen ist voll gerechtfertigt.

Schlange mit Affe:
Die Schlange applaudiert nicht wie der Tiger dem wendigen und witzigen Affen – und das vermißt der Affe sehr, obwohl ihm die glitzernde und glänzende Schlange sehr gefällt. Am Anfang ist sie von den Talenten des Affen noch begeistert, aber mit der Zeit muß sie einsehen, daß sie sich immer weniger verstehen. Eine Freundschaft könnte jedoch von Dauer sein.

Schlange mit Hahn:
Manchmal ist es die »Liebe auf den ersten Blick«, die beide zusammenführt, und nicht selten wird es eine Verbindung für immer. Es kann aber auch zu einer Dauerfreundschaft kommen. Sie finden viel Gesprächsstoff und fühlen sich vom Reiz des anderen permanent angezogen: Der stolze Hahn ist mit seinem heiteren Wesen ein starker Partner für die Schlange, die ihn mit ihrer Weisheit verwirrt und bezaubert.

Schlange mit Hund:
Der treue Hund bleibt zufrieden zu Hause, wenn die Schlange in periodischen Zyklen ihre Streifzüge macht. Er weiß ja, sie kommt wieder und wird ihn dann leidenschaftlich lieben. An den gemeinsamen Hobbys finden beide viel Spaß. Die Großzügigkeit des treuen Hundes beeindruckt die Schlange. Immer kürzer bleibt sie weg, bis sie schließlich ihren Zwang, auszubrechen, ganz ablegt.

Schlange mit Schwein:
Obwohl das Schwein über die Untreue der Schlange verärgert ist, überhäuft es sie mit Geschenken, wenn sie wieder zu Hause ist. Es gibt nur wenig friedliche Stunden, denn es fehlt am Verständnis und an der Verständigung. Oft hat es die Schlange nur darauf abgesehen, das Schwein, so lange es geht, auszunutzen.

Die Schlange in ihren Elementen

(Zur genauen Zuordnung Ihres Tiersymbols mit seinen Elementen zu Ihrem Geburtsdatum, vgl. Tabelle, S. 139 ff.).

Holz-Schlange (1905, 1965, 2020):

Die Holz-Schlange wird von Freund und Feind bewundert – keiner macht ihr ihre Überlegenheit streitig. Sie ist intelligent, wort- und weltgewandt, liebt Seide und Luxus. Ihre Eitelkeit paßt zu ihrem Gesamterscheinungsbild und wird ihr nicht übel genommen.

Die Holz-Schlange ist meist gebildet und hat einen scharfen Verstand, den sie fortlaufend trainiert und schult. Sie ist für alles aufgeschlossen und an allem interessiert; und es gibt kaum jemanden, der sie auf ihrem Spezialgebiet übertrifft. Holz-Schlangen sind ihrem Partner unbedingt treu. Sie sind aber auch besitzergreifend und eifersüchtig.

Feuer-Schlange (1857, 1917, 1977):

Die Feuer-Schlange hat ein angeborenes Mißtrauen allem und jedem gegenüber – nur ihr eigenes Selbstvertrauen ist unerschütterlich groß. Wie ein Magnet zieht sie alle Augen auf sich und versteht es, ihre Umgebung geradezu zu hypnotisieren. Es ist die feurigste und sinnlichste Schlange, die sowohl in der Liebe wie im Haß zur Maßlosigkeit neigt. Kritik und Tadel spricht sie oft unüberlegt aus. Im Streben nach Geld und Macht kann sie manchmal kompromißlos sein. Sie ist eine Feinschmeckerin und große Herzensbrecherin.

Erd-Schlange (1869, 1929, 1989):

Diese weise Schlange hat Charme, Humor und lacht gern im Kreise ihrer Freunde. Sie ist spontan, manchmal großzügig, weich und trotzdem Realist. Sie bildet sich ihre Meinung über Menschen nur langsam, dafür aber genau. Sprichwörtlich zuverlässig, läßt sie sich von Rückschlägen nicht beirren und auch von keinem Menschen einschüchtern. Sie hat oft ihre eigene Meinung und ihr eigenes Urteil. Die Erd-Schlange ist künstlerisch veranlagt und besitzt viel Phantasie. Sie steht mit beiden Beinen im Leben und wirft auch nicht einen Pfennig grundlos zum Fenster hinaus.

Metall-Schlange (1881, 1941, 2001):
Metall-Schlangen haben einen eisernen Willen zu Macht und Erfolg. Rückschläge verkraften sie nur schwer. Notfalls werden Sie zum Einzelgänger, um ans Ziel zu kommen, denn während die anderen noch feiern, sind sie ihnen schon meilenweit voraus. Gegen Konkurrenten kann sie skrupellos vorgehen, doch geschieht dies ganz im Stillen. Oben angelangt, ist sie jedem gegenüber mißtrauisch. Sie liebt Pomp und Luxus und läßt nur einen kleinen Kreis Auserwählter in ihre Nähe kommen.

Wasser-Schlange (1893, 1953, 2013):
Die intellektuelle und doch auch praktisch veranlagte Wasser-Schlange ist sehr geschäftstüchtig. Alle wirtschaftlichen Schwierigkeiten schafft sie aus dem Weg – und wenn die Probleme noch so groß sind. Sie hat so manches künstlerische Talent vorzuweisen. Geistige Beschäftigung ist ihr sehr wichtig. Sie fühlt sich besonders zur Philosophie hingezogen. Wer sie einmal beleidigt, wird es früher oder später büßen, denn sie ist sehr nachtragend.

Die Schlange im Zwölf-Jahreszyklus

Wenn Sie im Jahr der Schlange geboren sind, sollten Sie auch den Einfluß des folgenden Zwölf-Jahreszyklus mit seinen Tiersymbolen auf das Schlange-Schicksal und die Schlange-Persönlichkeit kennen (vgl. a. Tabelle, S. 19).

- **Jahr der Ratte:** Hoch und Tief lösen einander ab. Bleiben Sie in Wartestellung.

- **Jahr des Büffels:** Abwarten soll noch immer Ihre Devise sein, um Überraschungen mit kühlem Kopf entgegentreten zu können.

- **Jahr des Tigers:** In diesem Jahr brauchen Sie starke Nerven. Lassen Sie sich nicht unterkriegen; und schon zeigen sich die ersten Silberstreifen am Horizont.

- **Jahr des Hasen:** Das Glück hat lange auf sich warten lassen, dafür beschenkt es Sie jetzt reichlich. Keine finanziellen Sorgen mehr.

- **Jahr des Drachen:** Haben Sie vorgesorgt und einen Teil auf die hohe Kante gelegt? Dann machen Ihnen die finanziellen Rückschläge im ersten halben Jahr wenig aus.

- **Jahr der Schlange:** Ein dunkler Punkt überschattet dieses Jahr. Es kann ein Unfall sein oder ein Bruch im Geschäfts- oder Freundesbereich.

- **Jahr des Pferdes:** Achten Sie auf Ruhe und Ausgeglichenheit, dann ist dieses Jahr recht erfolgreich.

- **Jahr des Schafes:** Pflegen Sie vernachlässigte Freundschaften, und machen Sie keine allzu hohen Sprünge.

- **Jahr des Affen:** Freunde unterstützen Sie. Dadurch können Sie manchen Gewinn einstreichen.

- **Jahr des Hahns:** Ah! Ein Jahr der reichen Ernte. Ihre Anstrengungen waren nicht umsonst. Sie können Ihr Heim verschönern, Freunde empfangen und – aufatmen.

- **Jahr des Hundes:** Das Glück lacht der Schlange weiterhin. Man wird auf sie aufmerksam, Ideen und Vorschläge »kommen an«. Aber: Gönnen Sie sich mehr Ruhepausen.

- **Jahr des Schweins:** Mit Behörden oder Gerichten sollten Sie sich in diesem Jahr besser nicht anlegen. Gehen Sie nicht an Erspartes ran!

Das Pferd

Sind Sie selbst ein Pferd? Oder ist es Ihr Partner? Ihr Vorgesetzter? Lesen und vergleichen Sie. Sie werden überraschende Erkenntnisse gewinnen, die Ihnen im Umgang mit dem Du nützlich sind.

- *Element:* Feuer
- *Doppelstunde:* 11.00 bis 13.00 Uhr
- *Prinzip:* Yang

Die Jahre des Pferdes und das dazugehörige Element

Wenn Sie in dieser Zeit geboren sind, dann sind Sie ein:

25. Januar 1906–12. Februar 1907	≈	*Feuer*-Pferd
11. Februar 1918–31. Januar 1919	≈	*Erd*-Pferd
30. Januar 1930–16. Februar 1931	≈	*Metall*-Pferd
15. Februar 1942– 4. Februar 1943	≈	*Wasser*-Pferd
3. Februar 1954–23. Januar 1955	≈	*Holz*-Pferd
21. Januar 1966– 8. Februar 1967	≈	*Feuer*-Pferd
7. Februar 1978–27. Januar 1979	≈	*Erd*-Pferd
27. Januar 1990–14. Februar 1991	≈	*Metall*-Pferd
13. Februar 2002– 1. Februar 2003	≈	*Wasser*-Pferd

Prominente Pferde:

Maria Montessori
(geb. 31. 8. 1870)

Helmut Kohl
(geb. 3. 4. 1930)

Barbara Streisand
(geb. 24. 4. 1942)

Aleksander Solschenizyn
(geb. 11. 12. 1918)

Johannes Rau	Selma Lagerlöf
(geb. 16. 1. 1931)	(geb. 20. 11. 1858)
Ludwig Quidde	Helmut Schmidt
(geb. 23. 3. 1858)	(geb. 23. 12. 1918)
Karl Valentin	Giacomo Puccini
(geb. 4. 6. 1882)	(geb. 22. 12. 1858)

Charakter

Im Jahr des Pferdes Geborene können sein:
liebenswürdig, gesellig, charmant, offen, unabhängig, fröhlich, leidenschaftlich, sportlich, schlagfertig, stark, gastfreundlich...

aber auch:
egoistisch, schwach, geschwätzig, rebellisch, nervös, hitzköpfig, rechthaberisch, ungeduldig, ängstlich, dominierend.

Persönlichkeit und Schicksal

Diese ungeduldigen Pferde! Sie stampfen mit Kraft auf ihr Ziel zu, und was ihnen entgegenkommt, rennen sie nieder; ihr Tatendrang ist kaum zu bremsen. Wenn sich allzu viele Hindernisse vor ihnen auftürmen, wenden sie sich schnell ab und einer anderen interessanten Sache zu. Pferd-Menschen sind oft die geborenen Künstler. Ihre Begabungen sind sehr vielseitig. Der Partner, der ihnen dann und wann freie Zügel läßt, wird durch besondere Anhänglichkeit belohnt, denn einem Pferd ist die Freiheit mehr wert als der schönste Stall und das beste Futter. Lassen Sie also Tür und Tor offen, und agieren Sie mit Diplomatie.

Pferde haben ein ausgezeichnetes Urteilsvermögen, und sie halten mit ihrer Meinung nur selten zurück. Ihre spitze Zunge ist landauf, landab gefürchtet. Pferde lernen nicht nur rasch, sie sind auch sehr wißbegierig und sind auch noch im hohen Alter bereit, sich Wissen anzueignen. Pferde sind herzliche, liebenswerte Menschen, die überall gern gesehen sind. Daß sie gern angeben, nimmt man ihnen nicht krumm.

Wichtiger Hinweis für Pferd-Partner:

◆ Ein Pferd-Partner muß immer mit spontanen Entschlüssen seiner Pferd-Hälfte rechnen, und um diese in die Tat umzusetzen, geht er auch mit dem Kopf durch die Wand. Diskutieren ist von vornherein sinnlos, ein Pferd duldet keine Bevormundung. Und gegen seine Argumente kommen Sie nur schwer auf. Pferde sind sehr gastfreundlich. Sie ruinieren sich buchstäblich für ihre Gäste – auch wenn sie danach eine Zeit lang am Hungertuch nagen: Wenn Gäste kommen, müssen sich die Tische biegen!

Liebe:

 Sie ist für ein Pferd sehr wichtig. Es erwartet vom Partner, daß er ihm unentwegt Liebe und Zuneigung zeigt und Zärtlichkeit schenkt. Der Partner soll jederzeit für es da sein. In der Liebe ist das Pferd ein Romantiker. Und es ist großzügig. Es verkauft sein Hemd, um die/den Angebetete(n) mit Geschenken zu überhäufen. Ein verliebtes Pferd hat Flügel, auf denen es sich davontragen läßt, um dem Alltag zu entgehen.

Die Pferd-Frau

Die Pferd-Frau hat die Gabe, in jeder Situation die Lage haarscharf zu beurteilen, sie »wittert« sozusagen, was in der Luft liegt. Ihr Urteil ist treffsicher. Sie sieht nicht nur die Oberfläche, sie sieht auch in Tiefen, die fast jedem verborgen sind. Sie liebt die Natur, die Ungebundenheit, atmet gern den »Duft der großen Welt«. Die Pferd-Eva ist im allgemeinen nicht sehr häuslich. Sie geht lieber in ein Restaurant. Sie versteht viel von Mode, kleidet sich gut, könnte Designerin, Modeschöpferin sein. Sie ist sehr kreativ und hat viel Phantasie. Im Berufsleben will sie Erfolg haben und nimmt es ohne Schwierigkeit mit jedem Mann auf. Sie ist in Gesellschaft sehr fröhlich und schätzt wahre Freundschaft. Sie selbst ist ein zuverlässiger Freund.
Wenn ihr Partner geizig ist, mißtrauisch und ihr die Freiheit nimmt, dann galoppiert die Pferde-Frau mit 100 Sachen davon.

Der Pferd-Mann

Der Pferd-Adam ist allergisch gegen alles, was nach Barrieren, nach Einengung riecht; er verträgt keine feste Bindung, die Freundschaft muß sehr locker bleiben, wenn er nicht verschwinden soll ...
Pferde-Männer können sehr heiter sein, sie können eine ganze Gesellschaft unterhalten, und wenn sie lachen, lachen alle mit. Der Pferd-Mann muß immer viel »action« machen oder um sich

haben. Er ist von sich sehr eingenommen und bezieht jede Kleinigkeit auf sich. Er ist ein Träumer, der großen Wert auf sein Äußeres legt: auf Kleidung, Gang und Haltung. Ein Pferd, das sich vernachlässigt, gibt Grund zu größter Besorgnis.

Für seine Familie tut ein Pferd-Mann alles. Trotzdem möchte er in manchen Dingen tonangebend sein, zum Beispiel wenn es darum geht zu bestimmen, wo und wie er leben möchte und wie seine Umgebung aussehen soll. Auch ein Pferd-Mann liebt das Feiern und die Feste – ob als Gastgeber oder als Gast. Wenn ein Pferd-Mann getäuscht wird, kann er dies sehr übelnehmen.

Als Geschäftsmann braucht das Pferd einen starken Partner, denn es ist nicht fähig, sich alleine hochzurappeln, wenn es durch Fehlschläge viel verloren hat.

Harmonie mit dem Du – das Pferd und die anderen Tiersymbole

Tiere, die gut zum Pferd passen:

	Freundschaft	*Ehe*	*Geschäft*
sehr gut:	Pferd, Schaf, Hund	Schaf	Tiger, Schlange
gut:	Tiger, Hase, Schlange	Hase, Pferd	Büffel, Ratte
mittel:	Drache	Hund, Schlange	Hund, Hahn, Schaf

Das Pferd und seine Tierpartner

Pferd mit Pferd:

Sie verstehen sich gut und achten sich gegenseitig. Jeder respektiert die Empfindsamkeit des anderen, und wenn sie ein Ziel vor sich haben, galoppieren sie gemeinsam darauf zu. Sie streben unentwegt – vor allem nach der Freiheit – und sind doch immer auf der Spur nach etwas Neuem. Als Geschäftspartner ist die Verbindung nicht gerade ideal, denn wenn es eine Pleite gibt, rappelt sich keiner mehr auf.

Pferd mit Ratte:
Die große Liebe zwischen Pferd und Ratte wird es nicht allzu oft geben. Soll eine Verbindung dauerhaft sein, dann muß das Pferd Kompromisse schließen. Wirtschaftlich können sie ohne Sorgen leben, denn während die Ratte eifrig vorsorgt und zusammenträgt, verwertet es das Pferd für ein gemeinsames Ziel. Als Geschäftspartner können beide viel erreichen.

Pferd mit Büffel:
Ihr Temperament ist völlig verschieden. Nie würde ein Büffel dem Pferd hinterherlaufen. Aber wenn sie einmal Partner sind, hält der Büffel das Pferd mit aller Kraft fest, bis es sich doch freimacht und zu neuen Abenteuern davonspringt. Geschäftlich muß der Büffel die Führung übernehmen, wenn er mit dem verschwendungssüchtigen Pferd nicht Bankrott machen will.

Pferd mit Tiger:
Hier gibt es keine Verständigungsschwierigkeiten: Sie bewundern und respektieren sich gegenseitig. Ein Pferd schließt sich gern dem Tiger an, kämpft gemeinsam mit ihm für die Armen und Unterdrückten der Welt und mahnt den Tiger – wenn nötig – zu mehr Vorsicht. Sie sind beide voll Temperament und Zielstrebigkeit. Der Tiger wird in seinen unüberlegten Handlungen vom vorausblickenden Pferd oft gebremst.

Pferd mit Hase:
Hase und Pferd finden sich gegenseitig sympathisch; sie haben aber nicht viel gemeinsam. Der Hase sitzt am liebsten in seinem tapezierten Bau, während das Pferd den Wettlauf mit dem Wind aufnimmt. Der Hase weiß die Aufrichtigkeit des Pferdes zu schätzen. Meinungsverschiedenheiten müssen ausgesprochen werden, dann kann es gut gehen.

Pferd mit Drache:
Dem ichbezogenen, leidenschaftlichen Pferd gelingt es, den Drachen vorübergehend zu seinem Schoßhund zu machen. Obwohl auch der Drache Liebesabenteuern nicht abgeneigt ist, leidet er unter der Untreue seines Partners und wird manchmal Feuer speien.

Pferd mit Schlange:
Die kühle Schlange kann für kurze Zeit Feuer und Flamme für das temperamentvolle Pferd sein. Aber das Pferd findet die

Schlange auf die Dauer langweilig, und die Schlange kann die Wildheit des Pferdes nicht verstehen.

Pferd mit Schaf:
Das Pferd treibt es hinaus ins feindliche Leben – und es macht Karriere. Da kann das häusliche Schaf ohne Sorgen zu Hause seinen schönen Künsten frönen. Gelingt es dem Schaf, die Unbeständigkeit seines Pferdchens zu zügeln? Das ist gut möglich, denn das Pferd gibt viel für das geliebte Schaf auf und ist bereit, ihm alle Hindernisse aus dem Weg zu schaffen.

Pferd mit Affe:
Der Affe als Geschäftspartner könnte das aufrichtige Pferd übervorteilen, als Freunde achten sie sich gegenseitig; auch in der Liebe können sie sich verstehen.
Wenn das Pferd darauflosgaloppiert, macht der wendige Affe mit: Er hält sich an seiner Mähne fest.

Pferd mit Hahn:
Auf dem Rücken des Pferdes wird der Hahn mit dem Pferd den Liebesabenteuern nachjagen. Das Pferd ist auf Partner Hahn stolz und nimmt ihn überallhin mit. Der kluge Hahn läßt dem Pferd das Sagen und ordnet sich unter. Wenn beide für ein gemeinsames Ziel arbeiten, können sie viel erreichen.

Pferd mit Hund:
Der Hund wird dem Pferd auch mit hängender Zunge freudig überallhin folgen. Er wird keine Mühe scheuen, um seinem Partner dienstbar zu sein. In der Ehe ist der Hund der Problemlöser. Als Freund und Geschäftspartner kommt jeder auf seine Kosten, wenn der Hund dem Pferd manchmal freie Zügel läßt.

Pferd mit Schwein:
In einer Liebesbeziehung kann für kurze Zeit für beide der Himmel voller Geigen hängen, aber auf die Dauer geht den Schweinen die Unruhe der Pferde auf die Nerven. Die Offenheit und Gutmütigkeit des Schweines irritieren das Pferd. Das gegenseitige Verstehen wird nicht überwältigend sein, es gibt aber auch keine ernsten Zusammenstöße.

Das Pferd in seinen Elementen

(Zur genauen Zuordnung Ihres Tiersymbols mit seinen Elementen zu Ihrem Geburtsdatum, vgl. Tabelle, S. 139ff.).

Holz-Pferd (1894, 1954, 2014):

Holz-Pferde sind sehr kreativ. Ihr Drang zum Schöpferischen läßt sie ihre Kräfte mißachten. Sie sind kühn und risikobereit, besonders, wenn es gilt, neue Ideen zu verbreiten und durchzusetzen. Am liebsten stürzt es sich in ein völlig neues, unerforschtes Aufgabengebiet. Weniger ichbezogen als die anderen Pferde, überläßt das Holz-Pferd das Wort auch seinen Mitmenschen.

Feuer-Pferd (1906, 1966, 2026):

Das Feuer-Pferd ist leidenschaftlich, selbstbewußt und hat eine magnetische Anziehungskraft. Es schwebt im Galopp drei Meter über dem Boden dahin, ist mal da, mal dort und sieht nicht die Realität. Es kann sich blitzschnell entscheiden und meistens richtig. Trotzdem übertreibt es in allem, und weil es sehr ehrgeizig ist, schießt es oft über das Ziel hinaus. Das Feuer-Pferd ist sehr spontan. Es liebt das Leben, die Abwechslung, will Neues kreieren. Von keinem läßt es sich beeinflussen. Positiv: Es tut sehr viel für seine Familie und liebt seine Kinder über alles.

Erd-Pferd (1918, 1978, 2038):

Ein liebenswertes und beachtenswertes Pferd ist das Erd-Pferd. Es ist viel ruhiger als seine Brüder und steht mit vier Beinen fest auf dem Boden. Es überlegt sehr lange, bevor es etwas unternimmt, denn es ist kein Freund schneller Entschlüsse. Es hat viel Intuition und Gespür und immer neue Ideen. Es ist ein fröhlicher Kumpel, geselliger Freund und eignet sich hervorragend für Führungspositionen, obwohl es auch zuläßt, daß man es führt.

Metall-Pferd (1870, 1930, 1990):

Es ist unbezähmbar, immer auf Neues aus. Ein Pferd, das sich viel vornimmt und mit Umsicht und Intelligenz auch sehr viel erreicht. Natürlich ist es auch hartnäckig, vielleicht sogar eigensinnig und egoistischer als die anderen Pferde. Aber es hat eine große Portion Glück und ist dadurch sehr erfolgreich. Ein Metall-Pferd erobert im Sturm. Es ist nie langweilig, kann gut unterhalten und spürt intuitiv die richtige Situation für sein Vorhaben auf. Es will vor allem kein Durchschnittsleben führen und will immer anders als die anderen sein.

Wasser-Pferd (1892, 1942, 2002):
Das Wasser-Pferd versteht es, sich jeder Situation anzupassen. Dabei stören es seine sich mehrmals widersprechenden Aussagen nicht. Es kann nicht lange auf einer Stelle stillstehen, aber wenn es den richtigen Partner findet, wird es auch seßhaft. Das Wasser-Pferd will nicht allein sein; es hat Angst vor der Einsamkeit und braucht einen treuen Freund. Was das Wasser-Pferd auch macht, tut es sehr gewissenhaft. Engagement jeder Art geht es aus dem Weg. Seine Freiheit liebt es über alles.

Das Pferd im Zwölf-Jahreszyklus

Wenn Sie im Jahr des Pferdes geboren sind, sollten Sie auch den Einfluß des folgenden Zwölf-Jahreszyklus mit seinen Tiersymbolen auf das Pferd-Schicksal und die Pferd-Persönlichkeit kennen (vgl. a. Tabelle, S. 19).

- **Jahr der Ratte:** Klugheit ist geboten, besonders in finanzieller Hinsicht. Haben Sie Geduld.

- **Jahr des Büffels:** Es fällt Ihnen nichts in den Schoß. Mit eigener und eiserner Kraft erreichen Sie manches Ziel – allerdings mit Hindernissen.

- **Jahr des Tigers:** Ein Jahr, mit dem Sie zufrieden sein können, wenn Sie sich bescheiden. Berufliche Veränderungen sind möglich.

- **Jahr des Hasen:** Viele Ereignisse überraschen Sie, fast alle sind positiv. In diesem Jahr lacht Ihnen das Glück.

- **Jahr des Drachen:** Geduld und Freundlichkeit sind geboten, auch zu weitläufigen Bekannten. Ihre Erfahrungen und Ihr Fleiß werden anerkannt.

- **Jahr der Schlange:** Unstimmigkeiten mit Geschäftspartnern bereiten Sorgen. Handeln Sie nicht impulsiv. Schöne Stunden im Familienkreis.

- **Jahr des Pferdes:** Achten Sie auf Ihre Gesundheit! Privat und geschäftlich viel Freude und Erfolg.

- **Jahr des Schafes:** Ein ruhiges Jahr – mit einer Ausnahme: Ortswechsel oder eine lange Reise sind angesagt.

- **Jahr des Affen:** Was Sie bisher nicht zu Ende bringen konnten – im Jahr des Affen gelingt es! Sie haben rundum Glück. **Achtung:** Unfallgefahr für Sie oder Familienangehörige!

- **Jahr des Hahns:** Ein mäßig gutes Jahr, wenn Sie Ruhe bewahren und Ihr Temperament zügeln.

- **Jahr des Hundes:** Beruflich haben Sie Erfolg, familiär könnte ein unvorhergesehenes und unangenehmes Ereignis eintreten.

- **Jahr des Schweins:** Schwierigkeiten, wohin Sie schauen. Machen Sie daraus kein Drama – Sie überstehen dieses Jahr.

Das Schaf

Sind Sie selbst ein Schaf? Oder ist es Ihr Partner? Ihr Vorgesetzter? Lesen und vergleichen Sie. Sie werden überraschende Erkenntnisse gewinnen, die Ihnen im Umgang mit dem Du nützlich sind.

- *Element:* Feuer
- *Doppelstunde:* 13.00 bis 15.00 Uhr
- *Prinzip:* Yin

Die Jahre des Schafes und das dazugehörige Element

Wenn Sie in dieser Zeit geboren sind, dann sind Sie ein:

13. Februar 1907– 1. Februar 1908	≈	*Feuer*-Schaf
1. Februar 1919–19. Februar 1920	≈	*Erd*-Schaf
17. Februar 1931– 5. Februar 1932	≈	*Metall*-Schaf
5. Februar 1943–24. Januar 1944	≈	*Wasser*-Schaf
24. Januar 1955–11. Februar 1956	≈	*Holz*-Schaf
9. Februar 1967–29. Januar 1968	≈	*Feuer*-Schaf
28. Januar 1979–15. Februar 1980	≈	*Erd*-Schaf
15. Februar 1991– 3. Februar 1992	≈	*Metall*-Schaf
2. Januar 2003–21. Januar 2004	≈	*Wasser*-Schaf

Prominente Schafe:

Hermann Gmeiner
(geb. 23. 6. 1919)

Eugen Roth
(geb. 24. 1. 1895)

Carl Orff	Laurence Olivier
(geb. 10. 7. 1895)	(geb. 22. 5. 1907)
Lech Walesa	Frank Kafka
(geb. 29. 9. 1943)	(geb. 3. 7. 1883)
Silvia, Königin v. Schweden	Rita Hayworth
(geb. 23. 12. 1943)	(geb. 17. 10. 1919)
Mohammed Reza Pahlewi	Astrid Lindgren
(geb. 26. 10. 1919)	(geb. 14. 11. 1907)

Charakter

Im Jahr des Schafs Geborene können sein:
friedliebend, freundlich, natürlich, zärtlich, dienstbereit, aufmerksam, originell, weich, kreativ, hilfsbereit, einfach, sentimental, sensibel, höflich, zartfühlend ...

aber auch:
abhängig, leicht, pessimistisch, unentschlossen, skeptisch, verantwortungslos, grausam, schwach, unzufrieden, zerstreut, indiskret, undiszipliniert.

Persönlichkeit und Schicksal

Das gefühlsbetonte, sanftmütige Schaf versteckt seine zarten Gefühle unter seiner dicken Wolle. Es ist so mitfühlend, daß es einem Bettler sein Letztes gibt. Ein Schaf hat Mitleid mit Mensch und Tier; deshalb sind Schafe nicht selten karitativ tätig. Seine Gefühle belasten das Schaf auch negativ: Es hat oft Angst, den Lebenskampf nicht zu bestehen, und braucht einen Partner, der es seelisch unterstützt. Das Schaf wird seinen Kummer nicht nach außen hin zeigen. Es behält ihn meist für sich. Trotzdem ist ein Schaf ein Lebenskünstler. Es ist auch bereit, für Recht und Gerechtigkeit in den Kampf zu ziehen, am liebsten aber ist ihm der passive Widerstand.

Schafe können mitunter sehr naiv sein; es gibt Schafe, die nie erwachsen werden. Schafe träumen sehr gern. Sie bringen es fertig, während der Arbeit alles liegen und stehen zu lassen und – zu träumen. Sehr wichtig ist ihm die wirtschaftliche Sicherheit. Seine Weideplätze müssen gesichert sein. Ein gepflegtes

Heim möglichst im Grünen läßt das Herz jedes Schafes höher schlagen.

Beruflich trauen sich Schafe zu wenig zu. Sie erklimmen daher nur in Ausnahmefällen die höhere Leiter.

Liebe:

❤ In der Liebe ist das Schaf sehr verwundbar. Es braucht viel Liebe und gibt auch viel Liebe – manchmal sogar zuviel; dann könnte es den Partner vor Liebe erdrücken. Es liebt die Zärtlichkeit in der Liebe, nicht die Leidenschaft. Ein Schaf, das von seinem Partner verlassen wird, braucht lange Zeit, um sich von seinem Schmerz zu erholen.

♀ Die Schaf-Frau

Die liebenswerte Schaf-Eva ist mit ihrer Zartheit und Schüchternheit so richtig zum Verwöhnen da. Sie strahlt Heiterkeit und Lebensfreude aus, aber sie ist äußerst empfindsam. Auf die kleinste Gefühlsschwankung des Partners reagiert sie mit Trauer bis zur Depression. Wer sich in ihr Herz schleichen will, muß viel Geduld haben, und wenn sie glaubt, daß ihr Partner sie nicht mehr liebt, verläßt sie ihn. Sie braucht dann aber die Hilfe guter Freunde, damit sie nicht in Depression versinkt.

Die Schaf-Frau ist karrierebedacht, sie wählt auch ihre Bekannten und Freunde so aus, daß sie ihr Ziel bald erreicht. Sie ist aber auch bereit, für ihren Beruf überdurchschnittlich hart zu arbeiten. In diesem Streß-Zustand ist sie häufig gereizt und nervös. Den harten Karriere-Trip hält sie jedoch nur durch, wenn sie von einem treusorgenden Partner unterstützt wird.

♂ Der Schaf-Mann

Das männliche Schaf hält nichts vom Alleinsein. Es braucht einen Freund, der es ermuntert, umsorgt, seelisch unterstützt. Mit ihm gemeinsam ist es sehr stark. Dieser sensible Typ ist vielseitig künstlerisch begabt. Viele Künstler, Maler und Schriftsteller sind im Jahr des Schafes geboren. Der Schaf-Mann kann nicht anders: Er lebt in einer anderen, romantischen Welt. Und die Wirklichkeit ist für ihn immer auch ein wenig rosa gefärbt. Stundenpläne sind ihm ein Greuel. Er schafft es auch nur selten, pünktlich zu sein. Aber er ist bereit, hart und konsequent zu arbeiten, denn er will Erfolg haben und Karriere machen. Er hat viel Sinn für Freundschaft und Geselligkeit. Er ist ein guter Familienvater, treu, und überhäuft seine Angebetete mit Geschenken.

In einem Punkt laufen Schaf-Männer Gefahr: Mit den Kleinigkeiten des Alltags werden sie meistens nicht fertig.

Harmonie mit dem Du
– das Schaf und die anderen Tiersymbole

Tiere, die gut zum Schaf passen:

	Freundschaft	*Ehe*	*Geschäft*
sehr gut:	Pferd, Schwein	Pferd, Schaf	Affe
gut:	Hase, Drache	Hase, Affe, Schwein	Schwein, Drache, Hase
mittel:	Tiger, Affe	Drache, Büffel, Schlange	Büffel

Das Schaf und seine Tierpartner

Schaf mit Schaf:
Zwei Schafe lieben sich und leben friedlich und glücklich. Sie unterstützen sich, bauen aus vier Wänden einen kleinen Palast und trösten sich gegenseitig: Eines braucht das andere.

Geschäftlich aber kann es mit zwei Schafen nicht gutgehen, eine Erbschaft wäre daher angebracht, und bei Schafen steht auch manchmal eine Erbschaft ins Haus.

Schaf mit Ratte:
Die unruhige Ratte hat nicht die Zeit, sich auf das empfindliche Schaf einzustellen. An eines müßte die Ratte sich jedoch gewöhnen, wenn es ihr nicht gelingt, das Schaf günstig zu beeinflussen: an seine permanente Unpünktlichkeit. Vorübergehend kann es eine sehr schöne Beziehung werden, und vielleicht, wer weiß, passen sie sich einander an.

Schaf mit Büffel:
Der derbe Büffel und das schüchterne Schaf – kann das gutgehen? Der Büffel ist für das Schaf ein Ungeheuer, zudem der Büffel für das zaghafte, sensible Schaf wenig Verständnis aufbringt, schon gar nicht für seine künstlerischen Hobbys.

Schaf mit Tiger:
Der ungestüme Tiger möchte das zartbesaitete Schaf am liebsten auffressen. Er ist voll in seinem Element, wenn er sich nonstop für das schwache Schaf einsetzt und ihm alle Wünsche von den Augen abliest. Wehe aber dem Schaf, das sich mit seiner Kritik am Partner nicht beherrschen kann. Die Wutausbrüche des Tigers können fürchterlich sein!

Schaf mit Hase:
Die beiden passen wunderbar zusammen; sie haben die gleichen Interessen, lieben ein gemütliches Heim, Träumereien und haben viel Sinn für künstlerische Tätigkeiten. Beide sind feinsinnig und sensibel; es wird nie zu Grobheiten kommen: Sie lieben sich ein ganzes Leben lang. Der Hase versteht es, dem Schaf Selbstvertrauen zu geben und es in geschäftlichen Angelegenheiten zu unterstützen.

Schaf mit Drache:
An der Seite eines Drachen fühlt sich das Schaf sicher und geborgen. Schafe bewundern den mächtigen Drachen, und wenn es der Drache darauf anlegt, gelingt es ihm sicher, das Schaf von seiner Unpünktlichkeit zu heilen. Der Drache ist glücklich, diesem zarten Geschöpf helfen zu können. Dafür gibt es für den Drachen bei dieser Verbindung keine finanziellen Probleme.

Schaf mit Schlange:
Die Schlange kann dem Schaf nur dann die nötige Sicherheit geben, wenn der finanzielle Grundstock vorhanden ist. Sie kann es aber in jedem Fall seelisch unterstützen, und das tut dem Schaf wohl. Die Schlange hat auch unendlich viel Geduld mit ihrem Schaf, obwohl sie ein Pessimist ist. Beide verstehen sich, ohne viel Worte zu machen.

Schaf mit Pferd:
Das Pferd wartet nur darauf, dem Schaf die Hindernisse aus dem Weg zu schaffen. Zwischen beiden besteht eine starke An-

ziehungskraft. Hier das starke Pferd – dort das schwache Schaf. Das Pferd wird dem Schaf die finanzielle Sicherheit geben, die es braucht, um künstlerisch tätig zu sein.

Wenn das Pferd allzu stürmisch ist, zieht sich das Schaf schmollend zurück.

Schaf mit Affe:
Das Schaf ist vom Affen und seinen Ideen begeistert. Das nützt er aus, aber wenn das Schaf ihn braucht, ist er sofort zur Stelle. Das Schaf weiß bald aus Erfahrung, daß es sich auf Partner Affe verlassen kann. Das macht es mutig und unternehmungslustig.

Schaf mit Hahn:
Lange macht der Hahn dem umschwärmten Schaf den Hof. Aber an der Unpünktlichkeit des Angebeteten verzweifelt er. Es zieht ihn immer wieder von neuem in den Bann dieses zarten Wesens, aber lange kann das Schaf mit dessen flottem Lebensrhythmus nicht Schritt halten.

Schaf mit Hund:
Sie vertragen sich, aber es ist nicht die große Liebe. Emotionsarm leben sie meist nebeneinander her. Das Schaf braucht einen starken Partner. Am pessimistischen Hund kann es sich jedoch nicht anlehnen. Das Schaf kann dem Melancholiker nicht die nötige Sicherheit geben, und der Hund hat wenig Verständnis für die Träumereien des Schafes.

Schaf mit Schwein:
Das einfühlsame Schwein und das feinsinnige Schaf verstehen und lieben sich. Das Schwein wird mit dem zartbesaiteten Partner nur behutsam umgehen und ihn auch finanziell verwöhnen. Am liebsten würde es das Schaf in Seidenpapier verpacken. Beide genießen das schöne Leben und die gute Küche.

Das Schaf in seinen Elementen
(Zur genauen Zuordnung des Tiersymbols mit seinen Elementen zu Ihrem Geburtstagsdatum, vgl. Tabelle, S. 139 ff.).

Holz-Schaf (1895, 1955, 2015):
Es ist ein großer Denker und sehr hilfsbereit. Das Holz-Schaf muß mit vielen Schwierigkeiten im Leben fertig werden, die es

sich zum Großteil selbst zuschreiben muß, denn durch seine Gutmütigkeit wird es von jung und alt ausgenützt. Es geht jedem Streit aus dem Weg. Lieber verzichtet es auf sein Recht oder schließt schlechte Kompromisse. Es ist sehr mitfühlend und gibt sein Letztes, um andere zu unterstützen. Seine finanzielle Situation ist meistens angespannt. Dafür pocht dann und wann das große Glück an seine Tür und macht vieles wieder wett.

Feuer-Schaf (1907, 1967, 2027):

Ein Feuer-Schaf beherrscht die Kunst, die kleinsten positiven Eigenschaften von sich selbst groß herauszustellen und dafür kleine Fehler seiner Mitmenschen groß aufzubauschen. Kleine Ereignisse dramatisiert es außerdem mit Vorliebe. Feuer-Schafe sind emotionsgeladen, und Gefühle verschiedener Art lassen sie schnell den Kopf verlieren. Der natürliche Erhaltungstrieb ist beim Schaf stark ausgebildet. Wenn ihm nur ein kleines Hindernis in den Weg kommt, blökt es laut Kritik. Dafür hat das Feuer-Schaf eine freundliche, gewinnende und herzliche Art. Es ist sehr gastfreundlich.

Erd-Schaf (1859, 1919, 1979):

Die Unabhängigkeit liebend, selbstdiszipliniert, macht dem Erd-Schaf die Arbeit nicht Angst. Es ist viel selbständiger als die anderen Schafe und voll Verantwortungsbewußtsein. Es rechtfertigt das Vertrauen, das man in es setzt. Das schüchterne Erd-Schaf versteht es, seine Gefühle zu verbergen, doch wenn es gereizt wird, geht der Verstand mit ihm durch, und es kommt zu explosionsartigen Ausbrüchen. Ein(e) im Jahr des Erd-Schafes Geborene(r) ist Optimist(in). Er/Sie ist allzeit bereit, dem Nächsten zu helfen. Für seine Freunde ist das Erd-Schaf immer zur Stelle. Es kann mit Geld gut umgehen, ohne zu geizen.

Metall-Schaf (1871, 1931, 1991):

Das Metall-Schaf ist der geborene Diplomat. Es hat eine große Portion Selbstvertrauen, ist ichbezogen und erreicht viel. Es kennt seinen Wert und verkauft sich gut. Was keiner glauben will: Es ist in Wirklichkeit eine Mimose, besonders dann, wenn es um seine Person geht. Es versteht es, sich mit Schönem zu umgeben und ist ein wahrer Gestaltungs- und Einrichtungskünstler. Mit Fremden freundet es sich ungern an. In der Regel schließt es nur Freundschaft mit Menschen, die es achtet oder die ihm nützlich sein können. Es will bemuttert werden und kann rund um die Uhr mit seinem Partner Zärtlichkeiten austauschen. Aber es ist voll Eifersucht.

Wasser-Schaf (1883, 1943, 2003):
Das hilfsbedürftige Wasser-Schaf versteht es, sich in jedes Herz einzuschleichen. Wenn es Hilfe braucht, streiten sich unzählige Freunde, ihm beizustehen. Es ist auf die Hilfe anderer angewiesen und deshalb auch berechnend bei der Auswahl seiner Freunde. »Wer kann mir wann nützlich sein?« fragt es sich. Ohne Hilfe seiner Mitmenschen ist das Wasser-Schaf nicht lebensfähig. Das Wasser-Schaf ist charmant und diplomatisch. Als Angestellter ist es gewissenhaft. Um selbständig zu sein, benötigt es einen starken, vertrauenswürdigen Partner.

Das Schaf im Zwölf-Jahreszyklus

Wenn Sie im Jahr des Schafes geboren sind, sollten Sie auch den Einfluß des folgenden Zwölf-Jahreszyklus mit seinen Tiersymbolen auf das Schaf-Schicksal und die Schaf-Persönlichkeit kennen (vgl. a. Tabelle, S. 19).

- **Das Jahr der Ratte:** Ein glückliches Jahr. Geld strömt auch aus bisher unbekannten Kanälen. Erfolg auch im mitmenschlichen Bereich. Neue Freunde.

- **Das Jahr des Büffels:** Wenn Sie reichlich auf der hohen Kante haben, kann Ihnen dieses Jahr des geschäftlichen Mißerfolgs wenig anhaben. Arbeiten Sie mit allem Fleiß!

- **Das Jahr des Tigers:** Bleiben Sie am Ball, halten Sie das Arbeitstempo noch ein Weilchen durch. Neue Geschäftskontakte bringen auch den finanziellen Erfolg.

- **Das Jahr des Hasen:** Beruflich ernten Sie den Erfolg für Ihre Anstrengungen, aber die Vernachlässigung der Privatsphäre rächt sich.

- **Das Jahr des Drachen:** Die Chancen stehen gut für eine neue Liebe. Ansonsten reichlich Hektik und Aufregung.

- **Das Jahr der Schlange:** Neue Freunde, Anerkennung und beruflicher Aufstieg. Es regnet Einladungen und Lobeshymnen.

- **Das Jahr des Pferdes:** Hindernisse und Unprogrammiertes werden problemlos bewältigt. Das Glück ist noch immer greifbar. Achten Sie auf Ihre Gesundheit.

- **Das Jahr des Schafes:** Wenn Sie jetzt nicht klug und besonnen handeln, könnten Sie Erworbenes schnell wieder verlieren.

- **Das Jahr des Affen:** Auszeichnungen und Beförderungen. Die Kehrseite der Medaille: Ihr Privatleben kommt zu kurz.

- **Das Jahr des Hahns:** Der Erfolg könnte Ihnen in den Kopf steigen. Sie verdienen zwar sehr gut – aber ist dies ein Grund, sich zu ruinieren?

- **Das Jahr des Hundes:** Gehen Sie mit Vorsicht in dieses Jahr, treffen Sie keine überstürzten Entscheidungen. Und verstehen Sie, daß sich nicht ständig alles um Sie drehen kann.

- **Das Jahr des Schweins:** Man meint es gut mit Ihnen, Sie werden geliebt; alle Wunden heilen.

Der Affe

Sind Sie selbst ein Affe? Oder ist es Ihr Partner? Ihr Vorgesetzter? Lesen und vergleichen Sie. Sie werden überraschende Erkenntnisse gewinnen, die Ihnen im Umgang mit dem Du nützlich sind.

- *Element:* Metall
- *Doppelstunde:* 15.00 bis 17.00 Uhr
- *Prinzip:* Yang

Die Jahre des Affen und das dazugehörige Element

Wenn Sie in dieser Zeit geboren sind, dann sind Sie ein:

2. Februar 1908–21. Januar 1909	≈	*Erd*-Affe
20. Februar 1920– 7. Februar 1921	≈	*Metall*-Affe
6. Februar 1932–25. Januar 1933	≈	*Wasser*-Affe
25. Januar 1944–12. Februar 1945	≈	*Holz*-Affe
12. Februar 1956–30. Januar 1957	≈	*Feuer*-Affe
30. Januar 1968–16. Februar 1969	≈	*Erd*-Affe
16. Februar 1980– 4. Februar 1981	≈	*Metall*-Affe
4. Februar 1992–22. Januar 1993	≈	*Wasser*-Affe
22. Januar 2004– 9. Februar 2005	≈	*Holz*-Affe

Prominente Affen:
Amedeo Modigliani
(geb. 12. 7. 1884)

Bernhard Vogel
(geb. 19. 12. 1932)

Richard von Weizsäcker (geb. 15. 4. 1920)	Sean O'Casey (geb. 31. 3. 1884)
Gustav Mahler (geb. 7. 7. 1860)	Johannes Paul II (geb. 18. 5. 1929)
Franz von Lenbach (geb. 13. 12. 1836)	Herbert von Karajan (geb. 5. 4. 1908)
Reinhold Messner (geb. 17. 9. 1944)	Liz Taylor (geb. 27. 2. 1932)

Charakter

Im Jahr des Affen Geborene können sein:
mutig, lebhaft, praktisch, unabhängig, enthusiastisch, überzeugend, geschickt, leidenschaftlich, witzig, aktiv, geschäftstüchtig, erfinderisch...

aber auch:
skrupellos, geschwätzig, ungeduldig, ausgefallen, albern.

Persönlichkeit und Schicksal

Der Affe ist der geborene Erfinder und Improvisator. Wann immer es eine schwierige Nuß zu knacken gibt: Der Affe schafft es und – mit Leichtigkeit. Spielend schleicht er sich auch in das Herz seiner Mitmenschen, denn diesem fröhlichen, herzlichen, immer zu Späßen aufgelegten Gesellen kann man nicht böse sein, auch nicht, wenn er sich über Sie lustig macht. Er macht es ja auch mit Charme und will Sie dabei nicht verletzen. Der Affe ist ein unverbesserlicher Optimist – vielleicht gelingt ihm deshalb einfach alles, was er sich vornimmt – und das ist bestimmt nicht wenig; und sollte er tatsächlich einmal auf dem Boden liegen (bei seinen gewagten Sprüngen kann das schon einmal passieren), dann ist er schnell wieder ganz oben... Es sind keine kleinen Aufgaben, die er angeht, und gibt es Probleme, dann steigt er erst recht in die Sache ein!

Er hat immer wieder Pläne, und es gibt bei ihm nie Langeweile, selbst dann nicht, wenn er einmal an das Krankenbett gebunden ist. Aber gerade weil die Ideen nur so aus ihm herauspurzeln, hat er nicht die Zeit, sie auch auszuführen. Affen können überzeugen. Wenn ein Affe von einer Sache überzeugt ist, glaubt auch jeder andere daran. Man nimmt alles, was ein Affe sagt, sehr ernst.

Affen können, wenn sie wollen, schlau sein, manchmal sogar skrupellos, aber diese Eigenschaft ziehen sie in der Regel nur aus der Tasche, wenn sie sich gegen einen Feind wehren müssen. Und auch dann nicht unbedingt. Sie denken, Affen haben keine Feinde? O doch! Auch vor so lustigen Gesellen macht »der böse Nachbar« nicht halt. Aber Affen kommen immer wieder nach oben, sie sind Lebenskünstler und Stehaufmännchen.

Wer sich einen Affen zum Freund erkoren hat, ist gut daran; wenn er in Not ist, wird sein Affen-Freund sich viel einfallen lassen, um zu helfen. Wo Hilfe vonnöten ist, sind Affen bedenkenlos hilfsbereit. Im Dienst der Nächstenliebe können sie sich oft völlig vergessen und erst wieder zur Besinnung kommen, wenn ihnen das Wasser schon bis zur Nase reicht. Und die Liebe der Affen zu ihren Kindern ist längst sprichwörtlich.

Liebe:

♥ Die große Liebe ist für den Affen die unerreichte Liebe. Schon kurze Zeit nach seiner »Eroberung« stören den Affen die menschlichen Schwächen des Partners. Seine wirkliche Liebe aber muß etwas Göttliches an sich haben – und sei es nur die unerreichbare Ferne. Ein Affe ist zu seinem Partner ehrlich, zärtlich und treu.

Die Affe-Frau ♀

Die Affe-Eva ist sehr geistreich. Mit ihren Witzen kann sie eine ganze Gesellschaft glänzend unterhalten. Sie ist lebhaft und charmant und hat viele Bewunderer. Wenn sie sich verliebt, liebt sie leidenschaftlich; sie kann aber auch genausogut lange Zeit ohne Partner leben. Das Leben ist in ihren Augen die große Bühne mit Akteuren und Zuschauern. Sie ist am liebsten unabhängig und haßt es, in bestimmte Lebensformen gezwängt zu werden. Aber wenn es für einen bestimmten Zweck notwendig ist, schafft sie es, ohne zu murren.

Sie ist gebildet, kultiviert, oft Autodidaktin und zeigt für alles Interesse. Was sie auch beginnt – sie steht bei allem, was sie macht, gleich in vorderster Linie.

In jeder Affe-Frau steckt ein großer Lausbub. Und was tut sie

101

am liebsten? Probleme lösen, anderen helfen. Dann erst findet sie einen Tag sinnvoll. Sie ist großzügig, tolerant, liebt eine luxuriöse Wohnung, kann sich aber ebenso bescheiden.

♂ Der Affe-Mann

Hätte der Affe-Mann die richtige Ausdauer – er könnte es sehr weit bringen: zum vielgepriesenen Redner, zum erfolgreichen Politiker, zum reichen Geschäftsmann, zum ... – eine lange Liste könnte folgen. Er ist ein Genie und braucht nur etwas Glück, um entdeckt zu werden, denn er kann einfach alles! Er ist gesellig, gastfreundlich und natürlich. Was ihm allerdings übelgenommen wird, ist sein Hang, sich über andere lustig zu machen. Aber diese Untugend kann er sich ja langsam abgewöhnen! Wenn es darauf ankommt, kann er auch 24 Stunden durcharbeiten; aber in der Regel schafft er einen Full-time-Job in der halben Zeit. Er will das Band der Ehe nicht zerschneiden; aber wenn seine Frau zur Xantippe wird, willigt er ohne Schwierigkeiten in eine Trennung ein.

Harmonie mit dem Du
– der Affe und die anderen Tiersymbole

Tiere, die gut zum Affen passen:

	Freundschaft	Ehe	Geschäft
sehr gut:	Drache, Affe	Drache, Affe	Schwein, Affe
gut:	Ratte, Schwein, Pferd	Pferd, Schwein	Hahn
mittel:	Tiger, Schlange	Ratte, Hahn, Hund	Drache, Pferd

Der Affe und seine Tierpartner

Affe mit Affe:
Zwei Affen können den Himmel auf Erden haben, aber sie sollten wenigstens zeitweise wieder auf den Boden der Tatsachen zurückkehren. Sie verstehen sich glänzend und werden

viel Spaß haben. Gefährlich für sie wird es, wenn sie den Mitmenschen keine harmlosen Streiche mehr spielen. Nicht jeder hat Verständnis für ein lustiges Affenpaar...

Affe mit Ratte:
Ratten haben ebensoviel Spaß am Spaß wie Affen. Das behagt dem Affen. Die Ratte bewundert den Affen und seine Streiche, seine Ideen, seine Flexibilität, seine Art zu leben. Sie wird ihn bewundern – und mitmachen. Und wenn dem Affen einmal nicht danach ist, für die Finanzen zu sorgen, dann schafft die fleißige Ratte alles herbei, daß sie auch im Winter gut leben.

Affe mit Büffel:
Die beiden sind sehr gegensätzlich. Es kann nur dann zu einer guten Dauerverbindung kommen, wenn beide Partner bereit sind, sich gegenseitig zu akzeptieren. Dem Büffel fällt das nicht sehr schwer, denn er ist ein Bewunderer des geschickten Affen. Treibt der Affe es aber zu weit, und macht er sich über den Büffel lustig, dann kommt es zu großen Wutausbrüchen und schwerwiegenden Differenzen!

Affe mit Tiger:
Wenn dem Tiger der Übermut des Affen zuviel wird, zeigt er seine Kraft. Dann lenkt der Affe ein, und sie versöhnen sich wieder, denn im Grunde lieben sich beide leidenschaftlich. Wenn beide älter und damit ruhiger geworden sind, können sie sich wunderbar verstehen.

Affe mit Hase:
Der Hase hat für die Späße des Affen nicht viel Verständnis, aber er schätzt ihn als treuen Freund, der ihm in jeder Situation zur Seite steht. Der Hase bietet dem Affen ein behagliches Heim, und der Affe weiß die Häuslichkeit des Hasen zu schätzen. Er ist auch von der Bescheidenheit und Zärtlichkeit des Hasen beeindruckt. Beide unterstützen sich gegenseitig. In einer Gemeinschaft Hase-Affe wird es nur selten Streit geben.

Affe mit Drache:
Drachen finden Affen zum Verlieben, aber der schlaue Affe, der die Gefühle des Drachen durchschaut, verbirgt seine eigenen Gefühle. Das schürt die Zuneigung des Drachen nur noch

mehr. Eine Verbindung Drache-Affe ist ideal für Freundschaft, Zusammenarbeit und für das Kreieren von Ideen. Einer heckt etwas aus, beide führen es durch.

Affe mit Schlange:
Wenn der Affe will, kann er mit der Schlange glänzend auskommen. Es kann auch eine sehr harmonische Liebesbeziehung werden, aber wehe, wenn der Affe die Schlange hintergeht! Die Schlange ist das einzige Tier, das dem Affen Ehrfurcht einflößt. Nur eines vermißt der Affe an der Schlange: die Bewunderung, die ihm beinahe jedes andere Wesen entgegenbringt.

Affe mit Pferd:
Das Pferd ist auf die Geschicklichkeit des Affen, der sich in allem so leicht tut, neidisch. Der Affe hat auch keine Schwierigkeiten beim Freundschaft-Schließen usw. – und da hat das Pferd oft Schwierigkeiten. Wenn sich beide mehr Achtung entgegenbringen, könnte es eine gute Freundschaft werden.
Achtung: Geschäftlich könnte der Affe das Pferd übervorteilen!

Affe mit Schaf:
Der Affe könnte das geduldige Schaf überfordern. Es läßt sich ja auch alles gefallen, denn es bewundert den liebenswerten und phantasievollen Lebenskünstler, auf den es sich im Grunde immer verlassen kann. Der Affe müßte rücksichtsvoller sein, dann könnte es mehr Harmonie geben.

Affe mit Hahn:
Vom hohen Baum beobachtet der Affe den Hahn, wie er fleißig den ganzen Tag scharrt und kräht. Das gefällt dem klugen Affen, und er tut sich mit ihm gern zusammen. Der Hahn macht die Späße des Affen mit – und begleitet ihn bis auf die Wipfel der Bäume...

Affe mit Hund:
Eine Zeitlang wird der Hund mit hängender Zunge hinter dem Affen herlaufen, dann aber wird es ihm zu bunt: Er setzt sich in seine Ecke und schmollt und versinkt wieder in seinen Pessimismus. Darüber kann der Affe nur lachen. Und es ärgert ihn. Es wird nicht lange dauern, dann wird er sich vom Hund trennen.

Affe mit Schwein:

Das ist es, was der Affe braucht: das uneingeschränkte Wohl-
wollen des gutmütigen Schweins, sein fortwährendes Verzeihen
und sein Verwöhnen. Auch das Wohlleben, das ihm das
Schwein bietet, verachtet der Affe nicht. Außerdem: Das
Schwein kann zu den Späßen des Affen herzlich lachen und in
die Hände klatschen, mit Recht: Ein Schwein in Verbindung
mit einem Affen ist immer ein Glücksschwein!

Der Affe in seinen Elementen

(Zur genauen Zuordnung Ihres Tiersymbols mit seinen Elementen zu Ihrem Geburtsdatum, vgl. Tabelle, S. 139 ff.).

Holz-Affe (1884, 1944, 2004):

Der Holz-Affe ist voll Neugierde und Wissensdurst. Es gibt
praktisch nichts, was ihn nicht interessiert; es gibt keinen Beruf,
den er nicht mit Begeisterung ausüben würde. Er erreicht deshalb auch viel im Leben, aber nie ruht er sich auf seinen Lorbee-
ren aus. Er ist ruhelos und strebt immer weiter.
Sein Organisationstalent ist groß. Wenn es ihm schlecht geht,
verzweifelt er nicht. Er ist in jeder Situation Optimist. Mit
Recht: Bald ist er wieder »oben«!

Feuer-Affe (1896, 1956, 2016):

Er ist voll Einfallsreichtum, voll Leidenschaft und versteht es,
seine Umgebung zu begeistern und mitzureißen. Der Feuer-
Affe ist die geborene Führernatur! Seine Energie ist sprichwörtlich: Wer kann mit ihm Schritt halten? Der Feuer-Affe ist sehr
klug. Er geht Risiken ein, ja, aber die berechenbaren! Er ent-
schließt sich schnell für eine Sache und handelt ebenso schnell.
Er ist den anderen immer voraus. Seine Freunde wählt er mit
viel Geschmack und Geschick.

Erd-Affe (1908, 1968, 2028):

Der Erd-Affe ist ein ehrlicher, ehrenhafter Affe, der viel Ruhe
ausströmt. Er liebt die Welt der Bücher, des gedruckten Wortes
und eignet sich auf diesem Weg viel Wissen an. Er ist großzügig
und hilfsbereit, ohne Berechnung. Der Erdaffe ist vielseitig ta-
lentiert. Für seine Künste und sein Können will er bewundert
werden, trotzdem wird er nicht hochmütig.
Schwierige Probleme kann man getrost dem Erd-Affen anvertrauen: Er löst sie mühelos.

Metall-Affe (1860, 1920, 1980):
Er liebt die Unabhängigkeit über alles. »Sein eigener Chef sein«,
das ist es, was ihm gefällt – und er müht sich dann auch redlich ab.
Der Metall-Affe hat eine starke Ausstrahlungskraft und versteht
es, seine Umgebung zu überzeugen. Er braucht finanzielle Sicherheit, das ist für ihn der Grundstein für viele Aktivitäten im
karitativen Bereich, denn er will nichts horten: Er verschenkt. In
allen geschäftlichen Angelegenheiten ist er sehr geschickt. Be-
züglich Selbstdisziplin kann man nur von ihm lernen.

Wasser-Affe (1872, 1932, 1992):
Er strahlt viel Charme aus – und er weiß es. Oft setzt er ihn
bewußt ein, um an sein Ziel zu kommen, denn der Wasser-Affe
hat immer etwas im Sinn. Ausruhen – dieses Wort gibt es für
ihn nicht. Manchmal möchte er auf drei Hochzeiten gleichzeitig
tanzen. Wenn er auch alles besitzt, »Zeit« hat er nie. Alles interessiert ihn, für alles, was seiner Hilfe bedarf, will er sich einsetzen: Für Arme, Unterdrückte, für Waisenkinder und für die
Tierwelt. Dafür ist ihm keine Mühe zu groß.

Der Affe im Zwölf-Jahreszyklus

Wenn Sie im Jahr des Affen geboren sind, sollten Sie auch den
Einfluß des folgenden Zwölf-Jahreszyklus mit seinen Tiersymbolen auf das Affen-Schicksal und die Affen-Persönlichkeit
kennen (vgl. a. Tabelle, S. 19).

- **Jahr der Ratte:** Daß es so etwas gibt: Glück und Segen,
  Freundschaft, Liebe und die Lösung vieler Probleme fallen
  vom Himmel.

- **Jahr des Büffels:** Kleine materielle Verluste können Sie
  nicht aus dem Gleichgewicht bringen.

- **Jahr des Tigers:** Sie sind in Verteidigungsstellung, denn von
  allen Seiten werden Sie angegriffen. Sie halten durch, wenn
  Sie sich nicht zersplittern.

- **Jahr des Hasen:** Sie sind wieder voll Lebensfreude. Die
  private und geschäftliche Krise ist überstanden.

- **Jahr des Drachen:** Sie lernen Neues, das Sie jedoch nicht
  sofort anwenden können. Trotzdem wird man beruflich auf
  Sie aufmerksam.

- **Jahr der Schlange:** Wenn Sie vorlaut sind, könnte es Ärger geben. Freunde und Bekannte sind bereit, Ihnen in einer ungünstigen Situation zu helfen.

- **Jahr des Pferdes:** Bleiben Sie zurückhaltend, unternehmen Sie nichts Neues. Vermeiden Sie Auseinandersetzungen.

- **Jahr des Schafes:** Der meist vorlaute Affe sollte nicht aus der Schule plaudern. Sie haben Erfolg im Berufsleben. Ihre Freunde sind von Ihnen begeistert.

- **Jahr des Affen:** Machen Sie einen richtigen Finanzplan, dann haben Sie Erfolg bei Ihren kühnen Unternehmungen.

- **Jahr des Hahns:** Das Gesellschaftsleben hält den Affen in seinem Bann. Er könnte dadurch seine beruflichen Verpflichtungen vernachlässigen.
  Achtung: Der Feind schläft nicht!

- **Jahr des Hundes:** Hat der Affe auf den falschen Partner gesetzt? Dieses Jahr wird alle Irrtümer ans Licht bringen. Es ist noch Zeit, vieles zu berichtigen.

- **Jahr des Schweins:** Achten Sie zuallererst auf Ihre Gesundheit, denn ein Jahr voller Schwierigkeiten erwartet Sie. Handeln Sie immer mit Bedacht!

Der Hahn

Sind Sie selbst ein Hahn? Oder ist es Ihr Partner? Ihr Vorgesetzter? Lesen und vergleichen Sie. Sie werden überraschende Erkenntnisse gewinnen, die Ihnen im Umgang mit dem Du nützlich sind.

- *Element:* Metall
- *Doppelstunde:* 17.00 bis 19.00 Uhr
- *Prinzip:* Yin

Die Jahre des Hahns und das dazugehörige Element

Wenn Sie in dieser Zeit geboren sind, dann sind Sie ein:

22. Januar 1909– 9. Februar 1910	≈	*Erd*-Hahn
8. Februar 1921–27. Januar 1922	≈	*Metall*-Hahn
26. Januar 1933–13. Februar 1934	≈	*Wasser*-Hahn
13. Februar 1945– 1. Februar 1946	≈	*Holz*-Hahn
31. Januar 1957–17. Februar 1958	≈	*Feuer*-Hahn
17. Februar 1969– 5. Februar 1970	≈	*Erd*-Hahn
5. Februar 1981–24. Januar 1982	≈	*Metall*-Hahn
23. Januar 1993– 9. Februar 1994	≈	*Wasser*-Hahn
10. Februar 2005–29. Januar 2006	≈	*Holz*-Hahn

Prominente Hähne:

Prinz Philip, Herzog v. Edinburgh (geb. 10. 6. 1921)

Sidonie-Gabrielle Colette (geb. 28. 1. 1873)

Juliana, Königin der Niederlande	Sissi, Kaiserin von Österreich
(geb. 30. 4. 1909)	(geb. 24. 12. 1837)
Yves Montand	Andrej Sacharow
(geb. 13. 10. 1921)	(geb. 21. 5. 1921)
François Mauriac	Alexander Dubcek
(geb. 11. 10. 1885)	(geb. 27. 11. 1921)
Jacques Monod	Richard Wagner
(geb. 9. 2. 1910)	(geb. 22. 5. 1813)

Charakter

Im Jahr des Hahns Geborene können sein:

stolz, mutig, lebhaft, einfallsreich, attraktiv, loyal, enthusiastisch, zärtlich, elegant, freundschaftlich, treu ...

a b e r a u c h :

prahlerisch, mißtrauisch, verschwenderisch, eitel, unruhig, unbeständig, rechthaberisch, pedantisch.

Persönlichkeit und Schicksal

Der Hahn ist der geborene Führer und immer auf der Suche nach einer großen Aufgabe. Man findet ihn oft im sozialen Bereich und überall dort, wo es gilt, Menschen zu überzeugen. Der Hahn beeindruckt allein durch sein Auftreten. Obwohl er sehr pünktlich ist, fühlt er sich ohne festen Zeitplan wohler. Er ist neugierig und lerneifrig und ergreift jede Gelegenheit, sich weiterzubilden. Dafür ist er aber auch ein beliebter und interessanter Gesprächspartner, denn er kann überall mitreden. Der Hahn hält viel von sich; er fällt gern auf und neigt zu Überheblichkeit. Dadurch kommt es oft zu Mißverständnissen. Seine Energie scheint aus einem immerwährenden Brunnen zu fließen. Er will sie jeden Tag voll ausschöpfen. Er braucht deshalb eine liebevolle, aber feste Hand, die ihn leitet. Er muß lernen, daß er die Welt nicht an einem einzigen Tag erobern kann. Ein Hahn braucht in seinem Leben immer Aufregung und Spannung. Er erwartet Lob, gegen Kritik ist er allergisch. Aber er gibt offen zu, daß er sich geirrt hat. Feinde ziehen bei ihm den kürzeren, denn er durchschaut sie schnell und tut alles, um sie in Mißkredit zu bringen. Ein Hahn ist ein beliebter Mitarbeiter, egal, ob Untergebener oder Chef. Seine Verbesserungsvor-

schläge sind meist sinnvoll und gut durchdacht. Als Geschäftspartner ist er nur in Ausnahmefällen zu empfehlen. Materielle
Sicherheit überzeugt ihn nicht, und deshalb ist er meist erfolg-
los. Innerhalb der Familie beansprucht der Hahn ein Podest,
damit alle zu ihm aufsehen müssen. Dafür sorgt er beispielhaft
für seine Familie, die an nichts Mangel leidet.

Liebe:

♥ In der Liebe geht ein Hahn aufs Ganze. Er bekommt auch
meist den Partner, den er sich in den Kopf gesetzt hat.
Hähne sind von großer Eifersucht geplagt: Der oder die
Angebetete darf keinen Blick auf eine(n) vermeintliche(n)
Nebenbuhler(in) richten. Hähne brauchen viel Zärtlichkeit,
am besten rund um die Uhr. Wenn sich der Partner nicht
rund um die Uhr mit liebevoller Hingebung um den Hahn
kümmert, wird er sich schnell einen anderen suchen.

♀ Die Hahn-Frau

Die fröhliche Hahn-Eva hat oft ein ungezügeltes Temperament.
Sosehr sie sich auch bemüht, es gelingt ihr nicht immer, sich zu
beherrschen. Je älter sie wird, desto mehr Selbstkontrolle hat
sie. Sie mag Gesellschaften, Feste, Zusammenkünfte, wo viel
diskutiert wird. Wo eine Hahn-Frau auftritt, wird bald mit Eifer und mit Engagement debattiert. Sie versteht es, ihren Mann
beruflich zu unterstützen und zum Erfolg zu führen. Anderer-
seits sind Hahn-Frauen oft sehr naiv und leichtgläubig. Was
man ihnen erzählt, nehmen sie (beinahe) immer für bare Münze
und sind dadurch oft das Opfer von Betrügern. Frau Hahn muß
durchaus nicht immer einen festen Freund haben: Sie schlägt
sich auch allein durch, aber wenn sie Familie hat, ist sie bereit,
alles dafür zu opfern – nur: Es kommt immer zuerst ihr Ehepartner, und dann kommen erst die Kinder.

♂ Der Hahn-Mann

Der Hahn-Adam liebt es, die erste Rolle zu spielen, als erster zu
krähen, der Beste zu sein. Er will immer etwas mehr sein und
mehr können als die anderen; er würde die Sterne vom Himmel
holen, die Welt reformieren. Aber wenn es mit seiner Organisation nicht so recht klappt, verliert Herr Hahn den Mut und
Unternehmungsgeist, denn seine innere Unruhe ist groß. Der
Hahn-Mann ist eine echte Persönlichkeit, kühn im Gehabe und
stolz in der Gesinnung. Seine Freundschaft ist sehr wertvoll.

Natürlich hat der Hahn-Adam auch seine Fehler. Er kann ungeduldig sein, nervös, autoritär. Im allgemeinen aber ist er ein wunderbarer Lebensgefährte. Herr Hahn ist in die perfekt getane Arbeit verliebt. Dabei verachtet er Routine, Formalitäten und die sture Bürokratie. Der Hahn ist für sozialen Fortschritt und Reformen offen, sein Gerechtigkeitssinn ist beispielhaft.

Als Freund ist er ein lustiger, angenehmer Geselle, der die grauen Abende mit seinem strahlend bunten Gefieder originell erhellt.

Harmonie mit dem Du
– der Hahn und die anderen Tiersymbole

Tiere, die gut zum Hahn passen:

	Freundschaft	*Ehe*	*Geschäft*
sehr gut:	Büffel	Büffel	Drache
gut:	Drache, Schwein, Schlange, Pferd	Drache, Schwein, Ratte	Pferd, Schlange
mittel:	Ratte	Schlange	Schwein

Der Hahn und seine Tierpartner

Hahn mit Hahn:
Wenn zwei Hähne zusammenkommen, gibt es einen Kampf, der zugleich als Auslese gilt: Keiner wird an dem anderen viele Federn lassen wollen. Da keiner klein beigeben und seinen Partner als Boß anerkennen will, bleibt nur noch eine Möglichkeit: zu gehen ...

Hahn mit Ratte:
Ratten bewundern den stolzen Hahn, seinen Egoismus übersehen sie dabei, auch seine Unsicherheit, die er durch seine zur Schau getragene Sicherheit verbirgt. Eine Ratte sorgt fleißig für den Hahn-Partner, sie schafft alles Nötige für den Lebensunterhalt herbei. Sie ist auch bereit, ihm den letzten Spargroschen zu

überlassen. Als Geschäftspartner sind sie weniger geeignet, denn gegen die Verschwendungssucht eines Hahnes kommt selbst eine Ratte nicht an!

Hahn mit Büffel:
Hahn und Büffel verstehen sich beinahe auf Anhieb. Jeder schätzt die Zuverlässigkeit des anderen. Durch den Hahn wird der Büffel pünktlicher. Wenn der Hahn seine unbändige Energie vom Büffel leiten läßt, kann nichts mehr schiefgehen. Ihre gegenseitige Achtung ist groß.

Hahn mit Tiger:
Es wird zwischen beiden immer wieder zu Machtkämpfen kommen, denn sie sind sich zu ähnlich. Wenn sie sich vertragen wollen, müssen sie sich arrangieren. Auch wenn der Hahn bei einer Verbindung den Ton angibt, fühlt er sich trotzdem oft vom Tiger bedrängt.
Achtung: Der Hahn schützt das Erworbene durch fortgesetzten Fleiß, während der Tiger gern in den Tag hineinlebt. Das kann nicht gutgehen.

Hahn mit Hase:
Der Hahn in seinem stolzen Gehabe kann den empfindlichen Hasen sehr verletzen. Und wenn der Hahn in seiner großen Liebe zum Hasen Geschenke kauft, für die er Kredit aufnehmen muß, dann ist der Hase darüber sehr beunruhigt oder sogar traurig. Sie müssen sich mit gutem Willen aneinander gewöhnen, wenn eine feste Bindung Bestand haben soll.

Hahn mit Drache:
Der Hahn ist mit dem Drachen an seiner Seite glücklich: Er kann mit seinem glänzenden Partner endlich angeben. Der Drache ist aber auch eine echte Hilfe für den Hahn; er wird ihn beruflich unterstützen, und der Hahn wird auf der Erfolgsleiter immer höher klettern. Oft ist ihm der Drache zu stürmisch, wenn er sich auch von der großen Liebe des Drachen sehr geschmeichelt fühlt. Er muß dem Drachen von Zeit zu Zeit das Alleinsein ermöglichen. Der Drache braucht dies, um wieder voll da zu sein.

Hahn mit Schlange:
Wenn die Schlange nicht, wie sehr oft, »die Liebe auf den ersten Blick« ist, dann beäugt der Hahn lange Zeit mißtrauisch das

unheimliche Fabeltier. Während er ihr den Hof macht, merkt er meist nicht, daß auch die Schlange für ihn viel empfindet. Sie haben sich immer etwas zu sagen, und als Partner ergänzen sie sich ausgezeichnet.

Hahn mit Pferd:
Wer beeindruckt die Mitmenschen mehr: das feurige Pferd oder der prächtige Hahn? Diese Frage stellen sich die beiden manchmal, denn das Pferd will sich genauso bewundern lassen wie der Hahn. Trotzdem sind sie sich keine Rivalen, im Gegenteil: Gemeinsam jagen sie so manchen Liebesabenteuern nach. Wenn sie sich gemeinsam für ein Ziel einsetzen, können sie gut harmonieren.

Hahn mit Schaf:
Das empfindsame Schaf fühlt sich vom Hahn nur selten verstanden. Obwohl der Hahn das hilfsbedürftige Wesen über alles liebt, vermag er nicht, ihm bis in seine Träume zu folgen. Es ist vor allem die Gegensätzlichkeit, die ihn anzieht. Nur eines kann der pünktliche Hahn nicht dulden: die chronische Unpünktlichkeit des Schafes.

Hahn mit Affe:
In Geselligkeit sprühen beide vor Spaß- und Blödsinnmacherei. Auch eine Liebelei ist nicht ausgeschlossen. Tiefe Gefühle sind bei dieser Beziehung jedoch selten. Für kurze Zeit gelingt es dem Affen, den Hahn um den kleinen Finger zu wickeln.

Hahn mit Hund:
Der Hahn ist dem Hund zu oberflächlich. Während der Hahn in Gesellschaft glänzen und bewundert werden will, bleibt der Hund lieber allein zu Hause. Wenn der Hund den Hahn gebührend bewundert, wird ihm der Hahn seine Zuneigung schenken und auf seine Wehwehchen eingehen.

Hahn mit Schwein:
Der schöne Hahn tut sich nicht allzu schwer, das Schwein zu erobern. Es kann dem Hahn sehr nützlich sein, denn obwohl der Hahn unermüdlich werkelt und schafft, versteht er es meist nicht, mit dem Erworbenen gewinnbringend umzugehen. Hahn und Schwein ergänzen sich wunderbar und beide sind glücklich miteinander.

Der Hahn in seinen Elementen

(Zur genauen Zuordnung Ihres Tiersymbols mit seinen Elementen zu Ihrem Geburtstagsdatum, vgl. Tabelle, S. 139 ff.).

Holz-Hahn (1885, 1945, 2005):

Er ist ein Idealist, voll Spontaneität und hat viel guten Willen, aber er neigt dazu, Sachen zu komplizieren. Vor allem, weil er in allem die Perfektion anstrebt. Wenn er einmal ein Ziel im Visier hat, verfolgt er es hartnäckig. Oft engagiert er sich im sozialen Bereich. Er ist ein großer Pedant. Als Vorgesetzter verlangt er das genaue Einhalten der Vorschriften. Pünktlichkeit ist ein unbedingtes Muß und für ihn Selbstverständlichkeit. Der Holz-Hahn hat ein großes Herz. Er zeigt es jedoch erst dann, wenn es keiner vermutet.

Feuer-Hahn (1897, 1957, 2017):

Der Feuer-Hahn ist ein Individualist. Seine autoritäre Ausstrahlung ist groß. Er ist voll Dynamik und Ehrgeiz. In seinem Selbstbewußtsein duldet er weder Kompromisse noch Mißerfolg. Er wird immer viele Anhänger und Mitläufer finden. Der Feuer-Hahn kämpft so lange, bis er seinen Willen durchgesetzt hat – oder bis er aufgeben muß.

Erd-Hahn (1909, 1969, 2029):

Alles muß der Erd-Hahn bis in alle Einzelheiten zerpflücken, denn er überläßt nichts dem Zufall. Der Erd-Hahn ist ein harter Arbeiter; Arbeit macht ihm Freude, sie ist sein Lebenselixier. Man kann ihm ruhig schwierige, unlösbare Aufgaben anvertrauen: Der Erd-Hahn wird es schaffen. Er braucht jedoch das Lob und die Anerkennung, wenn er weiterhin viel leisten soll.

Metall-Hahn (1861, 1921, 1981):

Der Metall-Hahn lebt für seine Arbeit. Er weiß, was er will, und geht ohne Zugeständnisse direkt auf sein Ziel los. Er hat ein bewundernswertes Organisationstalent und versteht es, seine Arbeit perfekt einzuteilen. Er ist ein froher Geselle. Überall, wo Logik gefragt ist, sollte man den Metall-Hahn ranlassen. Wo ein Metall-Hahn seinen Platz hat, kann man sich auf Reformen freuen. Der Metall-Hahn ist Optimist. Wo immer er helfen kann, setzt er sich mit Eifer für andere ein.

Wasser-Hahn (1873, 1933, 1993):

Die Launen sind es, nur die Launen, die dem Wasser-Hahn manchmal im Weg stehen. Er ist oft unbeherrscht und läßt sich einfach gehen. Aber er ist ein offener, im Grunde heiterer Hahn, dem keine Schwierigkeiten zu groß sind. Er ist sehr wißbegierig und hat nach seiner Meinung niemals ausgelernt. Er liebt es, vor einer großen Zuhörerschar das Wort zu ergreifen. In manchem Wasser-Hahn verbirgt sich ein Rednertalent. Er ist ausnahmsweise kein Streithahn. Wenn die Schwierigkeiten zu groß sind, versucht er, sich mit dem Gegner zu einigen.

Der Hahn im Zwölf-Jahreszyklus

Wenn Sie im Jahr des Hahns geboren sind, sollten Sie auch den Einfluß des folgenden Zwölf-Jahreszyklus mit seinen Tiersymbolen auf das Hahn-Schicksal und die Hahn-Persönlichkeit kennen (vgl. a. Tabelle, S. 19).

- **Jahr der Ratte:** Finanziell pfeifen Sie aus dem letzten Loch. Verlassen Sie sich nicht auf Freunde. Arbeiten Sie hart, und bleiben Sie sparsam!

- **Jahr des Büffels:** Sie haben es geschafft, es geht wieder aufwärts, und Sie gewinnen an Einfluß. Vorsicht – Unfallgefahr!

- **Jahr des Tigers:** Vernachlässigen Sie nicht mehr länger Ihr Privatleben; Ihre Reue kommt sonst zu spät. Sie haben goldene Hände. Überlegen Sie gut vor jedem Ja oder Nein.

- **Jahr des Hasen:** Ein riskantes Jahr – viel zu riskant, um allein zu handeln. Schließen Sie sich mit guten Freunden zusammen.

- **Jahr des Drachen:** Privat ein sehr glückliches Jahr mit schönen Ereignissen. Auch beruflich läuft alles gut: Aufstieg und Anerkennung.

- **Jahr der Schlange:** Auf Reisen könnte Verlust oder Gefahr drohen. Kleine Ärgernisse stellen sich in den Weg. Sie lösen alle Schwierigkeiten.

- **Jahr des Pferdes:** Ohne reichlich Diplomatie wird es in diesem Jahr wohl nicht gehen. Seien Sie kompromißbereit.

- **Jahr des Schafes:** Die Wogen haben sich geglättet; der Hahn kann mit Recht ausruhen.

- **Jahr des Affen:** Vertrauen Sie nur sich selbst. Feinde und vermeintliche Freunde wollen Ihnen an den Kragen.

- **Jahr des Hahns:** Es gelingt Ihnen, wieder die Oberhand zu gewinnen. Die Probleme sind gelöst. Sie finden die richtigen Leute für Ihre Pläne.

- **Jahr des Hundes:** Ein glückliches Jahr, doch sind die vergangenen Anstrengungen auf Ihre Psyche gegangen. Spannen Sie aus!

- **Jahr des Schweins:** Ein gesundes Mißtrauen vor guten Ratschlägen ist nötig, um der drohenden Gefahr zu entgehen. Ihre Familie braucht Sie.

Der Hund

Sind Sie selbst ein Hund? Oder ist es Ihr Partner? Ihr Vorgesetzter? Lesen und vergleichen Sie. Sie werden überraschende Erkenntnisse gewinnen, die Ihnen im Umgang mit dem Du nützlich sind.

- *Element:* Metall
- *Doppelstunde:* 19.00 bis 21.00 Uhr
- *Prinzip:* Yang

Die Jahre des Hundes und das dazugehörige Element

Wenn Sie in dieser Zeit geboren sind, dann sind Sie ein:

23. Januar 1889– 9. Februar 1890	≈	*Erd*-Hund
10. Februar 1910–29. Januar 1911	≈	*Metall*-Hund
28. Januar 1922–15. Februar 1923	≈	*Wasser*-Hund
14. Februar 1934– 3. Februar 1935	≈	*Holz*-Hund
2. Februar 1946–21. Januar 1947	≈	*Feuer*-Hund
18. Februar 1958– 7. Februar 1959	≈	*Erd*-Hund
6. Februar 1970–26. Januar 1971	≈	*Metall*-Hund
25. Januar 1982–12. Februar 1983	≈	*Wasser*-Hund
10. Februar 1994–30. Januar 1995	≈	*Holz*-Hund

Prominente Hunde:

Albert Schweitzer
(geb. 14. 1. 1875)

Uwe Johnson
(geb. 20. 7. 1934)

Bruno Kreisky (geb. 22. 1. 1911)	Egon Bahr (geb. 18. 3. 1922)
Inge Meysel (geb. 30. 5. 1910)	Karl Gustaf von Schweden (geb. 30. 4. 1946)
Oskar Kokoschka (geb. 1. 3. 1886)	Jurij Gagarin (geb. 9. 3. 1934)
Golda Meir (geb. 3. 5. 1898)	Mutter Teresa (geb. 27. 10. 1910)

Charakter

Im Jahr des Hundes Geborene können sein:
hartnäckig, ehrlich, mutig, zuverlässig, einfach, überlegt, tolerant, sensibel, erfolgreich, edel, anhänglich, aufmerksam...

aber auch:
zynisch, skeptisch, exzentrisch, boshaft, unruhig, eigensinnig, störrisch, rastlos, verschlossen, kritisch, pessimistisch.

Persönlichkeit und Schicksal

Hund-Menschen sind die treuesten Gefährten. Sie sind selbstlos und unermüdlich im Einsatz für den geliebten Partner. Sie sind voll Fürsorge und können selbst auf alles verzichten, um die geliebte Person zu verwöhnen, und wenn Gefahr droht, dann setzt sich ein Hund-Geborener ohne Zögern selbst mit seinem Leben ein. Auch wenn Hunde selig zu träumen scheinen, machen sie sich ernsthafte Gedanken – wie wird es weitergehen? Ihr Pessimismus kann auf den Partner ansteckend wirken, wenn dieser nicht eine starke Persönlichkeit ist. Aber Hunde sind ausdauernd und zäh. Wenn sie ein Ziel verfolgen, geben sie lange nicht auf.

Selten wollen sie recht behalten, aber wenn es einmal zum Streit kommt, kann eine liebe, zärtliche Hand in Sekundenschnelle aus einem zähnefletschenden Feind einen hingebungsvollen Partner machen – und alle Widerwärtigkeiten sind vergessen.

Hunde haben ein sehr feines Gespür für Gut und Böse sowie für positive und negative Gedanken ihrer Mitmenschen. Der Hund versteht es daher auch meist, den richtigen Partner auszuwählen. Er irrt sich selten in seiner Menschenkenntnis, doch wenn er einmal irrt, so kann ihn das regelrecht aus der Fassung bringen. Wenn er Unehrlichkeit oder Untreue wittert, kann er zur Hyäne werden – oder aber er arrangiert sich mit dem Partner, weil er ihn zu sehr liebt.

Ein Hund ist immer auf der Hut und bereit, seine Familie gegen jeden Feind zu verteidigen. Und wenn seine Freunde in einer scheinbar ausweglosen Situation sind: Ein Hund weiß immer einen Ausweg. Dieser selbstlose, treue Kumpan ist ein großer Idealist, der mit Aufopferung für hohe Ziele kämpft. Unermüdlich ist er dann Tag und Nacht im Einsatz, ohne einen persönlichen Nutzen daraus zu ziehen. Hunde sind keine Materialisten und glauben, auch ohne Geld leben zu können. Und wenn sie einmal eine Erbschaft oder einen Lottogewinn machen, geben sie den Großteil wieder für Hilfsbedürftige aus. Hunde eignen sich am besten für eine freiberufliche Tätigkeit. Für die geschäftlichen, finanziellen Dinge brauchen sie jedoch einen starken, zuverlässigen Partner.

Liebe:
❤ Hunde brauchen viel Liebe und täglich die abgezählten Streicheleinheiten. Wenn er sich auch nach außen kühl und distanziert gibt: Er ist voll Leidenschaft und könnte die geliebte Person – zumindest am Beginn der Bekanntschaft – mit Haut und Haar verschlingen.

Die Hund-Frau ♀

Frau Hund kann sehr launisch sein – vor allem ist sie übersensibel, und wer sie nur einmal mit einem »Guten Morgen« übersieht, kann sie den ganzen Tag über in tiefe Depressionen stürzen. Wenn sie sich jedoch geliebt sieht, kann sie ein sehr heiterer, ausgeglichener Partner sein. In Gesellschaft weiß sich die Hund-Eva gut zu benehmen, sie schließt schnell Kontakte, ist höflich und manchmal kann sie auch Frau von Welt sein. Das gefällt ihr besonders gut, denn sie braucht von Zeit zu Zeit Bewunderung und Bravo-Rufe – auch in der Arbeit. Ohne Mutmacher und Lob kann die Hund-Frau nur schwer das angestrebte Ziel erreichen.

Sie weiß die Beweise der Liebe sehr zu schätzen und ist für Partner, Freund und Familie immer dann zur Stelle, wenn man einen treuen Menschen braucht. Die sensible Hund-Frau braucht immer wieder Aufmerksamkeiten, die ihr die Liebe des Partners beweisen. Es braucht kein teures Geschenk zu sein: Ein Telefonanruf, ein selbstgepflückter Blumenstrauß, ein »Ich hab' dich lieb« genügen, um sie glücklich zu machen. Und das ist doch wirklich nicht viel. Oder?

Der Hund-Mann

Der Hund-Mann kann sehr großzügig sein, aber auch kritisch und unzufrieden. Ungerechtigkeit kann er nur schwer ertragen. Er macht sich oft Gedanken über die Bosheit dieser Welt und gilt daher als eingefleischter Pessimist. Aber das stimmt nicht ganz: Herr Hund hat einen umwerfenden Humor, wenn er die nötige Sicherheit hat – im Beruf und innerhalb seiner Familie. Dann ist er auch fähig, hart zu arbeiten, dann wird er nicht müde und nimmt viel Verantwortung auf sich. Herr Hund ist ein sehr mißtrauischer Partner, der lange prüft, ehe er sich bindet. Wen er liebt, überhäuft er mit Geschenken. Er kann auch zornig werden und dann sieht er aus, als würde er seinen Gegner in tausend Fetzen reißen. Aber – das sieht nur so aus, denn er beruhigt sich gleich wieder. Herr Hund hat viele Qualitäten. Man findet unter Hunden viele Künstler. Auf alle Fälle ist er ein Lebenskünstler, der sich in jeder Situation zurechtfindet. Indiskretion kann einen Hund zutiefst verletzen, auch eine Partnerin, die dauernd an ihm herumnörgelt, macht ihn traurig. Er wird sich kurze Zeit in seine Hütte verkriechen, aber im günstigen Moment dann auch das Weite suchen.

Harmonie mit dem Du
– der Hund und die anderen Tiersymbole

Tiere, die gut zum Hund passen:

	Freundschaft	*Ehe*	*Geschäft*
sehr gut:	Pferd, Hase	Pferd	Pferd, Hase
gut:	Schwein	Tiger, Schwein	Hund
mittel:	Ratte, Affe, Hund, Tiger	Ratte, Hase	Ratte

Der Hund und seine Tierpartner

Hund mit Hund:
Sie vertragen sich beide und passen sich einander an. Jeder tollt mit dem anderen bis zur Ermüdung, und beide wollen dann wieder einige Zeit nichts voneinander wissen. Sie arbeiten für eine gemeinsame Sache blendend zusammen und legen auch regelmäßig ihre Schmusestunden ein, die jeder braucht. Sie lieben die Familie, besonders die Kinder. Wenn ein Partner den anderen verläßt, ist es eine kleine Katastrophe, denn einer ist vom anderen abhängig.

Hund mit Ratte:
Sie achten und bewundern sich gegenseitig. Ratten vergöttern Hunde geradezu und können durch ihre witzige Art den oft traurigen Hund mit Erfolg aufheitern. Sie vertrauen einander, und dieses gegenseitige Vertrauen schenkt ihnen die Sicherheit, die vor allem der Hund zum Glücklichsein braucht.

Hund mit Büffel:
Der Büffel ist dem Hund nicht sehr unähnlich, trotzdem ist eine solche Verbindung nicht unproblematisch: Sie haben nur wenig gemeinsame Interessen. Positiv empfindet der Hund die Ausgeglichenheit des so starken Partners, und der Büffel bewundert die Tiefe der Gedanken seines Hund-Freundes. Der Büffel müßte zärtlicher werden, wenn es gutgehen soll – und gemeinsame Ziele können die beiden auf lange Zeit verbinden.

Hund mit Tiger:
Hund und Tiger verstehen sich vom ersten Augenblick an. Jeder bewundert die lobenswerten Eigenschaften des anderen. Der Tiger tut gut daran, dem Hund zu vertrauen, denn sein Rat bewahrt den Hund vor unüberlegten Handlungen.

Hund mit Hase:
Sie sind nicht selten ein Herz und eine Seele; Hund und Hase lieben sich und vertrauen einander uneingeschränkt. Der ruhige Hase versteht es glänzend, dem melancholischen Hund alle Zuneigung und Zärtlichkeit zu schenken und ihm so das nötige Selbstvertrauen zu geben. In Verbindung mit dem Hasen wird der Hund stark. Gemeinsam können sie in Glück und Wohlstand leben.

Hund mit Drache:
Der Drache bauscht sich neben dem bescheidenen Hund mehr auf, als dem Hunde-Partner lieb ist. Er ist auch nicht fähig, den Hund zärtlich zu lieben. Durch seine Untreue verletzt er den sensiblen Hund immer wieder aufs Neue. In Gegenwart des Drachen ist der Hund schwach und nicht fähig, seine eigenen Pläne zu verwirklichen.

Hund mit Schlange:
Der Hund ist von der Klugheit und dem sicheren Auftreten der Schlange hingerissen. Er macht ihr lange den Hof – und die kluge Schlange läßt sich vom zuverlässigen Hund auch in den Hafen der Ehe führen. Dann aber geht sie wieder ihre Wege, während der Hund friedlich zu Hause auf sie wartet... Er wird dafür belohnt: Immer häufiger läßt sie Einladungen aus, bis sie schließlich dem treuen Hund eine ebenso treue Partnerin ist.

Hund mit Pferd:
Wenn sich Hund und Pferd gefunden haben, wird es eine Partnerschaft, die lange zusammenhält. Der Hund versteht es glänzend, die Probleme des Pferdes zu lösen, und das Pferd bewundert und liebt den Hund mit viel Einfühlungsvermögen. Wenn der Hund dem Pferd die nötige Freiheit läßt, herrscht im gepflegten Heim eitel Glück und Sonnenschein.

Hund mit Schaf:
Der melancholische Hund und das zartbesaitete Schaf geben kein gutes Gespann ab. Sie haben ja auch ganz verschiedene Interessen. Der Hund vermißt außerdem am Schaf die Sicherheit, die er zu einem glücklichen Leben braucht. Weil das Schaf ohne starken Partner kaum existieren kann, muß eine feste Verbindung unweigerlich in einer Katastrophe enden.

Hund mit Affe:
Für kurze Zeit kann alles gutgehen, denn der Affe versteht es, den Hund nach allen Regeln der Kunst zu liebkosen. Doch bald schon wird sich der Affe über den langsamen Hund lustig machen, und dieser wird noch mehr in seinen melancholischen Gedanken versinken. Der unbekümmerte Affe geht zu wenig auf die Probleme des Hundes ein und kann diesen sehr verletzen.

Hund mit Hahn:
Die flatterhafte Prahlsucht des Hahns ist dem Hund zuwider, er wird sich deshalb schwer mit dem Hahn anfreunden. Wenn der Hund es versteht, den Hahn gebührend zu bewundern, dann ist der Hahn auch bereit, für kurze Zeit dem Hund seine Liebe zu schenken.

Hund mit Schwein:
Hund und Schwein sind das ideale Paar. Das großzügige Schwein wird den Hund verwöhnen und ihm in jeder freien Minute das Fell kraulen. Das gibt dem Hund die nötige Sicherheit, seine Fähigkeiten voll auszuspielen und seine Ziele erfolgreich zu vertreten. Die Treue des Hundes macht das Schwein glücklich und zufrieden.

Der Hund in seinen Elementen

(Zur genauen Zuordnung Ihres Tiersymbols mit seinen Elementen zu Ihrem Geburtsdatum, vgl. Tabelle, S. 139 ff.).

Holz-Hund (1874, 1934, 1994):
Dieser ausgeglichene Hund führt gewissenhaft alle ihm übertragenen Aufgaben durch. Dabei ist er immer bestrebt, Können und Wissen weiter auszubauen und zu entwickeln. Er liebt Teamarbeit und paßt sich mühelos dem Arbeitsrhythmus seiner Kollegen an. Er hat ein außergewöhnliches Gespür, den passenden Freund, den richtigen Partner auszuwählen. Der Holz-Hund liebt Luxus und Komfort und stürzt sich gern in alle möglichen Vergnügungen. Er ist all denen gegenüber treu, die er liebt.

Feuer-Hund (1886, 1946, 2006):
Er ist ein begeisterter Idealist, ein Enthusiast und Gerechtigkeitsfanatiker. Er ist ehrlich, warmherzig, hilfsbereit. Hindernisse können seinen Schwung nicht stoppen, im Gegenteil: An Niederlagen wächst er. Er hat die Fähigkeit, auch die anderen mitzureißen und sie von seinen Plänen zu überzeugen. Bei seinem Charme bleibt der Erfolg meist nicht aus.

Erd-Hund (1898, 1958, 2018):
Er ist der realistischste aller Hunde. Ein kluger, gefragter Ratgeber, der nichts ohne Überlegung tut. Wenn er am Zug ist, ist er

auch meist am Gewinnen. Deshalb ist er auch so erfolgreich. Er ist wachsam im Umgang mit Menschen und wählt seine Partner mit Bedacht aus. Schnell erkennt er ihre positiven und negativen Eigenschaften. Er hat Führungsqualitäten. In allen Situationen bleibt er ehrlich. Er liebt das Leben auf dem Land und engagiert sich für seine Familie.

Metall-Hund (1910, 1970, 2030):

Die Kritik der Metall-Hunde ist überall zu hören. Diese geht hin bis zum Drang, die Welt zu verändern. Wer sich seinen Ideen nicht anschließt, dem zeigt er seine Zähne. Der Metall-Hund ist seriös und verantwortungsbewußt. Nichts nimmt er auf die leichte Schulter. Seine gesellige Ader ist ebenso gut entwickelt wie seine Neugierde. Er strebt nach Höherem und nach Perfektion. Mißerfolg macht ihn unruhig. Er ist ein wohltätiger Hund mit viel Selbstdisziplin.

Wasser-Hund (1922, 1982, 2042):

Der Wasser-Hund gefällt und ist beliebt. Er ist der Zuhörer, der »Müllschlucker«, dem andere ihre Probleme anvertrauen – und er versteht sie. Er hat viel Herzenswärme, erscheint nach außen hin aber oft kalt und unnahbar. Mit seinen psychologischen Fähigkeiten übt er so manchen Einfluß auf Freunde und Bekannte aus. Er ist ja auch ein guter Diplomat. Der Wasser-Hund ist ein aufgeschlossener und großzügiger Typ.

Der Hund im Zwölf-Jahreszyklus

Wenn Sie im Jahr des Hundes geboren sind, sollten Sie auch den Einfluß des folgenden Zwölf-Jahreszyklus mit seinen Tiersymbolen auf das Hunde-Schicksal und die Hunde-Persönlichkeit kennen (vgl. a. Tabelle, S. 19).

- **Jahr der Ratte:** Ein Jahr, mit dem Sie zufrieden sein können: Die Hundehütte füllt sich mit Geld und vielem Nützlichen.
  Tip: Verleihen Sie kein Geld – halten Sie es zusammen.

- **Jahr des Büffels:** Jetzt können Sie vom Vorjahr profitieren, denn die Einnahmen sind bedeutend geringer – oder haben Sie zusätzliche Ausgaben? Vermeiden Sie jeden Streit.

- **Jahr des Tigers:** Ihr Pessimismus gewinnt wieder Oberhand, jedoch ohne Grund. Familiär und privat werden Sie stark gefordert.

- **Jahr des Hasen:** Gute geschäftliche Vorzeichen. Sie können jetzt den gut vorbereiteten Sprung in die Selbständigkeit wagen.

- **Jahr des Drachen:** Streß ist das Hauptwort dieses Jahres. Schließen Sie sich an andere an, so überstehen Sie Schwierigkeiten besser.

- **Jahr der Schlange:** Sie haben zwar viel Arbeit, sollten aber trotzdem mehr Zeit für Ihre Familie aufbringen. Der Erfolg ist Ihnen in jedem Fall gewiß.

- **Jahr des Pferdes:** Ein erfolgreiches Jahr und auch ruhmreich. Können Sie mehr erreichen? Reisen und Ortsveränderungen stehen im Programm.

- **Jahr des Schafes:** Halten Sie Ihre Meinung zurück, und gehen Sie Streit aus dem Weg. Mit Geduld bleiben Sie Meister(in) der Situation.

- **Jahr des Affen:** Freunde, Feiern, Abwechslung und viele gute Nachrichten. Viele Ausgaben erwarten Sie.

- **Jahr des Hahns:** Sie fühlen sich müde und mißverstanden. Wo sind die Freunde geblieben? Auch beruflich keine großen Erfolge.

- **Jahr des Hundes:** Mißverständnisse und Schwierigkeiten sind bereinigt. Sie finden wieder Zeit und Muße für Ihre Hobbys und haben keine großen Sorgen.

- **Jahr des Schweins:** Endlich können Sie tun, was Sie schon lange wollen: meditieren. Neue Freunde verhelfen Ihnen auf die Karriereleiter, und Geld aus Erbschaft oder Gewinn läßt Ihr Herz höher schlagen.

Das Schwein

Sind Sie selbst ein Schwein? Oder ist es Ihr Partner? Ihr Vorgesetzter? Lesen und vergleichen Sie. Sie werden überraschende Erkenntnisse gewinnen, die Ihnen im Umgang mit dem Du nützlich sind.

- *Element:* Wasser
- *Doppelstunde:* 21.00 bis 23.00 Uhr
- *Prinzip:* Yin

Die Jahre des Schweins und das dazugehörige Element

Wenn Sie in dieser Zeit geboren sind, dann sind Sie ein:

10. Februar 1899–30. Januar 1900	≈	*Erd*-Schwein
30. Januar 1911–17. Februar 1912	≈	*Metall*-Schwein
16. Februar 1923– 4. Februar 1924	≈	*Wasser*-Schwein
4. Februar 1935–23. Januar 1936	≈	*Holz*-Schwein
22. Januar 1947– 9. Februar 1948	≈	*Feuer*-Schwein
8. Februar 1959–27. Januar 1960	≈	*Erd*-Schwein
27. Januar 1971–15. Januar 1972	≈	*Metall*-Schwein
13. Februar 1983– 1. Februar 1984	≈	*Wasser*-Schwein
31. Januar 1995–18. Februar 1996	≈	*Holz*-Schwein

Prominente Schweine:

Marc Chagall
(geb. 7. 7. 1887)

Marcel Marceau
(geb. 22. 3. 1923)

Artur Rubinstein (geb. 28. 1. 1887)	Ronald Reagan (geb. 6. 2. 1911)
Konrad Adenauer (geb. 5. 1. 1876)	Luise Rinser (geb. 30. 4. 1911)
Wolfgang A. Mozart (geb. 27. 1. 1756)	Erich Kästner (geb. 23. 2. 1899)
Fred Astaire (geb. 10. 5. 1899)	Rainer Maria Rilke (geb. 4. 12. 1875)

Charakter

Im Jahr des Schweins Geborene können sein:
ehrlich, gutmütig, weich, friedlich, freundlich, hilfsbereit, melancholisch, zuvorkommend, wahrheitsliebend, kultiviert, sinnlich, großzügig, tolerant, ergeben ...

aber auch:
eigensinnig, streitsüchtig, hilflos, unsicher, leichtgläubig, verschwenderisch, gehässig, schwatzhaft.

Persönlichkeit und Schicksal

Das allgemein als »gutmütig« bekannte Schwein ist alles andere als schwach. Es versteht sehr gut, sich durchzusetzen. Mit Heiterkeit – und notfalls mit List. Es gelingt ihm auch meist zu erreichen, was es sich vornimmt, aber auch Niederlagen nimmt es hin – scheinbar gelassen. Im Innern macht Mißerfolg dem sensiblen Schwein viel zu schaffen. Es tröstet sich im genußvollen Leben und ist auch bereit, dafür viel Geld auszugeben – zu viel manchmal, denn das Schwein kann geradezu verschwenderisch sein. In Geldangelegenheiten hat es eine goldene Hand. Ein »armes« Schwein gibt es – wenn überhaupt – nur vorübergehend. Wenn ein Schwein finanziell gut dastehen will, gelingt ihm dies auch in kurzer Zeit, und nicht selten haben Schweine ganz besonderes Glück, bei einer Erbschaft zum Beispiel.

Das Schwein ist durch und durch ehrlich. Seine Einfachheit sowie seine Heiterkeit garantieren ihm einen großen Freundeskreis. Das Schwein ist der Partner, dem man sogar Dinge anvertraut, die sonst keiner wissen darf – und es hütet das Geheimnis streng. Ein Schwein kann niemals lügen; selbst wenn es den Versuch dazu macht – man kann ihm die Lüge vom Gesicht ablesen; und deshalb macht es den Versuch kein zweites Mal.

Schweine sind immer hilfsbereit. Keiner wird mit leeren Händen von ihm weggehen. Das gutmütige Schwein nimmt es nicht krumm, wenn man sich über es lustig macht – es kann sogar über sich selbst lachen, und das ist auch ein Punkt, der es so sympathisch macht... In seinen Arbeiten ist es genau und gewissenhaft. Zum Nachteil gereicht dem Schwein oft die mangelnde Menschenkenntnis, denn oft wird es von skrupellosen Menschen ausgenutzt oder hintergegangen.
Ein Schwein glaubt immer an das Gute im Menschen, auch wenn es sich am eigenen Leib vom Gegenteil überzeugen mußte.

Liebe:

♥ Das Schwein versteckt nie seine neue Errungenschaft, im Gegenteil: Stolz reicht es sie überall herum. Wahrscheinlich auch, um jedem Konkurrenten zu zeigen: Achtung, das ist mein Besitz! Aber das geschieht im Unterbewußtsein. Das Schwein ist ein(e) begehrte(r) Liebhaber(in), voll Leidenschaft und zärtlicher Hingabe. Das Schwein versteht es, auf den Partner einzugehen, setzt bei ihm aber voraus, daß er seinen Hang zur gelegentlichen Zurückgezogenheit respektiert.

♀ ## Die Schwein-Frau

Eine Frau, die im Jahr des Schweins geboren ist, ist entweder peinlich sauber oder besonders schlampig. Sie ist tolerant, von fröhlichem Wesen und hat viel Sinn für Ästhetik. In ihrem Beruf will sie erfolgreich sein, aber nie will sie anderen auf ihrem Weg nach oben schaden oder im Weg stehen: Sie will Erfolg haben, weil sie etwas leistet, weil sie es verdient.

Sie ist sehr friedlich, immer bereit, für andere Frieden zu stiften. Ihre Gutmütigkeit wird oft als Naivität oder gar als Dummheit hingestellt. Sie ist voller Lebensfreude und eine große Feinschmeckerin. Für ihre Familie sind Schwein-Frauen immer da und verlangen dafür nicht einmal ein Dankeschön. Ihre Kinder sind ihr Stolz.

Die Schwein-Eva erwartet von ihrem Ehepartner Schutz und Sicherheit, dann hat er die beste Partnerin, die er sich wünschen kann. Frau Schwein ist auch eine hervorragende Gastgeberin, gute Köchin, und sie versteht es, mit ihrer Heiterkeit und ihrem natürlichen Wesen selbst mißgelaunte oder schwermütige Menschen aufzuheitern.

Der Schwein-Mann

Ein männliches Schwein ist mutig, großzügig und ehrlich. Diese drei Eigenschaften zählen zu den Grundbestandteilen seines Charakters. Es ist aber auch besonders männlich – und dazu gehören Ritterlichkeit und Höflichkeit. Herr Schwein ist sehr begeisterungsfähig – immer für eine gute Sache, aber er ist niemals Revolutionär. Er will im Guten und Stillen helfen und schlichten. Ja, auch Streit zu schlichten, gehört zu seinen guten Seiten. Herr Schwein träumt in seinen Mußestunden von einer besseren Welt, trotzdem ist er kein Pessimist, im Gegenteil: Er nimmt das Leben von der schönen Seite und versteht es so richtig zu genießen. Er lädt dann gern Freunde und Bekannte ein und bringt sie alle richtig in Stimmung. Er hat immer ein offenes Herz und Ohr für die Sorgen der anderen. Er ist fähig, mit großer Hingabe zu lieben, und will dann verwöhnen und verwöhnt werden. Wenn er nicht den richtigen Partner hat, könnte er ein ausschweifendes Leben führen. Aber der im Jahr des Schweins Geborene hat ja auch selbst ein sprichwörtliches Glück...

Harmonie mit dem Du
– das Schwein und die anderen Tiersymbole

Tiere, die gut zum Schwein passen:

	Freundschaft	Ehe	Geschäft
sehr gut:	Tiger, Hase, Schaf	Tiger, Schwein	Büffel, Drache
gut:	Hund, Schwein	Schaf, Hund	Hase, Affe
mittel:	Ratte	Ratte, Hase	Schaf

Das Schwein und seine Tierpartner

Schwein mit Schwein:
Schweine unter sich können richtige Futterneider sein, außer sie lieben sich überschwenglich. Sonst stimmt alles: Sie bringen sich gegenseitig volles Vertrauen entgegen, keiner wird vom anderen ausgenutzt, und sie verstehen es, das Leben zu genießen. In diesem Punkt besteht allerdings die Gefahr von Ausschweifungen, wenn keiner die Notbremse zieht...

Schwein mit Ratte:
Schwein und Ratte verstehen sich und können gemeinsam viel erreichen. Die Ratte wird das Schwein nicht hintergehen und ist bestrebt, ihm ein schönes Zuhause zu bieten. Schwein und Ratte sind intelligent, und da beide neugierig und wißbegierig sind, werden sie sich miteinander nicht langweilen. Sie bewundern sich ein Leben lang und können auch lange Zeit miteinander glücklich sein.

Schwein mit Büffel:
Büffel sind ebenso ehrlich wie Schweine, aber sie sind oft recht derb. Das gutmütige Schwein wird dem Büffel immer wieder verzeihen. Der starke Büffel macht dem Schwein immer wieder Mut, aber er darf das Schwein seine Autorität nicht zu sehr spüren lassen... Das Schwein liebt es, den Büffel zu verwöhnen, auch wenn es unter seiner Autorität oft zu leiden hat. Als Geschäftspartner bestehen für beide gute Aussichten.

Schwein mit Tiger:
Beide sind sehr gefühlvoll und einfühlsam. Sie können sich gut leiden und beinahe auf Anhieb verstehen. Tiger bewundern die Ehrlichkeit des Schweins und seine Großzügigkeit. Das Schwein versteht es aber auch zu gut, den bewunderten Tiger zu verwöhnen und ihn von manch unüberlegten Handlungen abzuhalten. Ein Schwein bringt dem Tiger Glück.

Schwein mit Hase:
Hasen sind die richtigen Partner für das lustige Schwein – denn beide können so richtig zärtlich sein. Beide lieben es aber auch, wenn man sie zeitweise in Ruhe läßt. Der Hase wird von der

Lebenslust des Schweins aufgemuntert und vergißt im Trubel des Feierns seine Lebensangst. Das finanzielle Rückgrat, das das Schwein mitbringt oder in kurzer Zeit schafft, kann diese Sicherheit nur bestärken.

Schwein mit Drache:
Drachen verfallen gern dem schönen Leben, das das Schwein ihnen bietet. Dafür sind sie aber auch bereit, hart zu arbeiten. Die Kreativität von Drache und Schwein kann in dieser Verbindung schönste Blüten und Früchte treiben ...

Schwein mit Schlange:
Die Gegensätze zwischen Schwein und Schlange sind groß. Mit Raffinesse könnte die Schlange das Schwein so lange ausnützen, bis es ausgepumpt ist. Aber das Schwein ist ein Lebenskünstler. Wenn es die Schlange liebt, wird es sich von ihr so manches gefallenlassen, aber nicht alles. Also eine nicht ganz einfache Verbindung ...

Schwein mit Pferd:
Pferde sind nur selten zu Hause anzutreffen, aber das phantasievolle Schwein versteht es, mit einer festlichen Tafel oder anderen Genüssen das Pferd immer wieder nach Hause zu locken. Sie haben auf manchen Gebieten gemeinsame Interessen. Aber nur wenn diese weiter ausgebaut werden, kann es zu einer Dauerverbindung kommen; die Unruhe des Pferds geht dem Schwein sonst zu sehr auf die Nerven ...

Schwein mit Schaf:
Das fleißige Schaf animiert Freund Schwein zu gemeinsamer Arbeit. Und das gutmütige Schwein kann ja keinen Wunsch abschlagen: So arbeiten sie vereint am gemeinsamen Erfolg, den sie auch gemeinsam genießen. Das macht beide glücklich und stärkt dem sensiblen Schaf das Rückgrat.

Schwein mit Affe:
Sie verstehen sich ausgezeichnet. Das Schwein hat viel Sinn für Humor und Witz des Affen, und der Affe macht immer mit, wenn das Schwein feiert. In geschäftlichen Dingen sind sie beide zielstrebig. Wenn der Affe mangels Ausdauer aufgibt, wird das Schwein einspringen und alles zu einem guten Ende führen.

Schwein mit Hahn:
Der Hahn zieht vor dem Schwein eine große Show ab, bis es auf ihn hereinfällt. Dann aber ist es zu spät. Denn obwohl das kluge Schwein die Schwäche des Hahns bald erkennt, wird es bei ihm bleiben, solange er dem Schwein nicht untreu wird.

Schwein mit Hund:
Hund und Schwein respektieren und ergänzen sich. Der treue Hund schätzt das ehrliche Schwein und läßt sich gern von ihm verwöhnen. Das Schwein wiederum belohnt seine Treue mit finanzieller Sicherheit, die den anhänglichen Hund selbstsicher macht. Hund und Schwein sind gute Kumpel, die gemeinsam durch dick und dünn gehen.

Das Schwein in seinen Elementen

(Zur genauen Zuordnung Ihres Tiersymbols mit seinen Elementen zu Ihrem Geburtsdatum, vgl. Tabelle, S. 139 ff.).

Holz-Schwein (1875, 1935, 1995):
Dieser große Feinschmecker ist sehr gesellig und tolerant. Sein Glaube an die Menschen wird auch nicht durch böse Erfahrungen erschüttert. Es liebt Glücksspiele und erzielt dabei auch immer wieder kleinere Gewinne. Finanzielle Probleme sind dem Holz-Schwein unbekannt. Im Leben hat es viele Chancen, die es auch erfolgreich nutzt. Das Holz-Schwein hat die Gabe, andere Menschen zu überzeugen.

Feuer-Schwein (1887, 1947, 2007):
Schwierigkeiten meistert das Feuer-Schwein mit viel Courage – es begeistert sich aber auch immer wieder für große Projekte oder stürzt sich in die wildesten Abenteuer... Das Feuer-Schwein setzt große Stücke in seine eigenen unternehmerischen Fähigkeiten – aus Erfahrung. Es besteht jedoch die Gefahr, das erworbene Vermögen in einem Leben in Saus und Braus schnell wieder zu verlieren oder sich selbst zu ruinieren, indem es seine Freunde großzügig beschenkt. Zwischendurch ist das Feuer-Schwein aber immer mal Realist – Gott sei Dank zur rechten Zeit!

Erd-Schwein (1899, 1959, 2019):
Dieses ehrgeizige Schwein steckt voller Pläne, aber es verliert sich nicht in phantastischen Projekten. Es ist geduldig und

überlegt. Schwierigkeiten erschrecken das Erd-Schwein nicht. Ohne Arbeit macht ihm das Leben wenig Spaß. Das Erd-Schwein sammelt viel Vermögen an, denn in allen finanziellen Angelegenheiten hat es eine gute Hand. Es ist ein treuer, verständnisvoller Freund, der großen Wert legt auf ein friedliches Zuhause, in dem es mit seinem Partner zärtlich sein kann.

Metall-Schwein (1911, 1971, 2031):

Das Metall-Schwein ist ein kräftiges, stiernackiges Schwein, voll Autorität und Leidenschaft. Es ist herrschsüchtig, ehrgeizig und erträgt es oft nicht, wenn Niederlagen es heimsuchen. Es ist jedoch bereit, eine ihm vom Schicksal auferlegte schwere Last geduldig zu tragen. In der Liebe schmilzt alle scheinbare Härte... Dann ist das Metall-Schwein bereit, die Fehler des Partners zu akzeptieren oder zu übersehen.

Wasser-Schwein (1863, 1923, 1983):

Das Wasser-Schwein ist der geborene Psychologe und ein großer Diplomat. Es ist in jeder Situation höflich und versteht es, sich korrekt zu benehmen. Es hat ein unbedingtes Vertrauen zu allen Menschen, sein Glaube an das Gute im Menschen ist unerschütterlich... Das Wasser-Schwein ist immer hilfsbereit und gegenüber seiner Familie äußerst großzügig.

Das Schwein im Zwölf-Jahreszyklus

Wenn Sie im Jahr des Schweins geboren sind, sollten Sie auch den Einfluß des folgenden Zwölf-Jahreszyklus mit seinen Tiersymbolen auf das Schwein-Schicksal und die Schwein-Persönlichkeit kennen (vgl. a. Tabelle, S. 19).

- **Jahr der Ratte:** Das Schwein ist ängstlich: Geschäftlich geht es nicht vorwärts und privat kriselt es ... Geduld: Es wird besser!

- **Jahr des Büffels:** Schöne Überraschungen in der Familie und im Beruf. Kleine – aber nur kleine – Spekulationen könnten einen Gewinn abwerfen.

- **Jahr des Tigers:** Geldprobleme bringen schlaflose Nächte. Vertrauen Sie niemandem: Verlassen Sie sich auf Ihren gesunden Menschenverstand.

- **Jahr des Hasen:** Sie haben wieder Oberhand. Kleine finanzielle Erfolge im Berufsleben stärken Ihnen den Rücken. Neue Bekanntschaften sind Ihnen später nützlich.

- **Jahr des Drachen:** Ein sehr gutes Jahr, gespickt voll mit Anerkennung. Bewunderer bleiben nicht aus. In der Liebe alles bestens.

- **Jahr der Schlange:** Die Folgen dieses hektischen Jahres bleiben nicht aus. Sie erhalten Rückschläge privat und geschäftlich.

- **Jahr des Pferdes:** Glück in finanziellen und privaten Angelegenheiten, doch Vorsicht: Plaudern Sie nicht zuviel aus! Neider könnten Ihnen Schwierigkeiten machen.

- **Jahr des Schafes:** Keine hochfliegenden Pläne, sondern Festigung des Erreichten. Friedliche Stunden am häuslichen Herd.

- **Jahr des Affen:** Sie brauchen Zeit, um Ihr Privatleben wieder in den Griff zu bekommen. Finanziell müssen Sie wahrscheinlich einen Kredit aufnehmen.

- **Jahr des Hahns:** Viele Schwierigkeiten versperren Ihnen den Weg. Bleiben Sie ruhig, Sie schaffen es.

- **Jahr des Hundes:** Kein sehr gutes Jahr. Was Sie früher falsch gemacht haben, rächt sich jetzt.

- **Jahr des Schweins:** Die familiären Schwierigkeiten sind wieder behoben, jetzt ist es Zeit, an die Gesundheit zu denken. Kleine Gewinne bringen Freude.

III Erstellen Sie Ihr persönliches Horoskop

Mit Hilfe des chinesischen Horoskops können Sie auch sich und Ihren Partner, Ihre Kinder, Ihre Familienangehörigen besser kennenlernen. Es kann Ihnen Auskunft geben über Wesenszüge, Charaktereigenschaften, Anlagen und Fähigkeiten, aber genauso über Fehler und Schwächen, die in Ihnen schlummern.

*

Selbstverständlich sind es nicht allein die kosmischen Einwirkungen, die die Entwicklung eines Menschenlebens beeinflussen. Von mindestens ebenso großem Einfluß sind die von den Eltern übernommenen Erbanlagen sowie die Umwelt, die jeden einzelnen permanent prägt und leitet; ganz zu schweigen von der »Selbsterziehung«, die jeder Mensch üben sollte und mit deren Hilfe es gelingt, selbst größere Untugenden dauerhaft abzulegen.

*

Dem chinesischen Horoskop zufolge sind es fünf irdische und himmlische Kräfte, die das Leben eines Menschen maßgeblich leiten, seine Wesenszüge formen, bereits angelegte Charaktereigenschaften bilden, Anlagen fördern oder unterdrücken und damit im größeren Rahmen sein Schicksal bestimmen:

① Geburtsjahr
② Geburtsstunde
③ Geburtstag und Geburtsmonat
④ Jahreszeit
⑤ das Element, das dem Tier des Geburtsjahres zugeordnet ist (und selbstverständlich alle den übrigen Zeichen zugeordneten Elemente)

◆ **Achtung:** Die alleinige Angabe des Geburtsjahres ist für die Erstellung des chinesischen Horoskops keinesfalls ausreichend – die Aussage kann nicht richtig sein.

Die chinesische Astrologie differenziert noch mehr als die abendländische, daher ist für jede Deutung immer *das vollständige Geburtsdatum* Grundvoraussetzung.

Die beiden Pfeiler des Horoskops sind dabei:

① das Geburtsjahr und – genauso wichtig
② die Geburtszeit, das heißt die chinesische Doppelstunde

Werte, die Sie über das Geburtsjahr bekommen, beziehen sich auf die Grundform Ihrer Persönlichkeit. Sie erfahren Ihre Charakteranlagen, Ihre Eigenschaften und die Beweggründe, die Ihr Handeln antreiben.

Das Geburtsjahr

…prägt Sie am stärksten, denn der Einfluß eines vollen Jahres auf das neugeborene Lebewesen ist am dauerhaftesten. Tiersymbol und Element Ihres Geburtsjahres ersehen Sie aus der Tabelle auf Seite 139 ff.

Die Geburtsstunde

Was die Geburtsstunde aussagt, muß die Allgemeinheit nicht wissen. Es betrifft Sie ganz allein, nämlich Ihr verborgenes Ich, sozusagen Ihr »zweites Ich«. Sind Sie nicht manchmal in Zwietracht mit sich selbst? Sehen Sie, das ist Ihr »zweites Ich«; sagte doch schon J. W. Goethe: »Zwei Seelen wohnen (ach) in meiner Brust!«

Ihr Inneres ist es, das Sie zugleich mit einer Aura umgibt und auf Ihre Mitmenschen einwirkt, Sie entweder sympathisch oder unsympathisch macht, den berühmten »ersten Eindruck« verursacht, bevor Sie auch nur den Mund aufgetan haben. Dieses »zweite Ich« steht oft im Widerstreit mit Ihrem starken, Ihnen bewußten Ich, und zeitweise möchte das eine, dann wieder das andere dominieren.

Der Geburtsstunde ist ebenso wie dem Geburtsjahr ein Tiersymbol und ein Element (der Aszendent) zugeordnet.

*

In China beginnt der Tag nicht wie bei uns um 0.01 Uhr, sondern bereits um 23.00 Uhr. Da die chinesische Astrologie in Doppelstunden zählt, liegt die erste Doppelstunde des Tages zwischen 23.00 und 1.00 Uhr, siehe Seite 22 f.

Der Geburtstag

Das Geburtstags-Zeichen besteht wiederum aus einem Tier-symbol und einem Element. Diese Zeichen geben Ihnen dar-über Aufschluß, wie Sie etwas intuitiv empfinden, bevor es in Ihr Bewußtsein dringt. Sie geben Ihnen Deutungsmöglichkeiten in bezug auf Ihre Gefühlswelt, Ihr inneres Bewußtsein, Ihre Wesensart, die Fähigkeit, Freud und Leid aufzunehmen und zu verarbeiten, und Ihre Kontaktfähigkeiten zur Umwelt.

Beispiel a):
Geburtstag: 29. März 1967
Auf Tabelle, Seite 142 f. sind die Neujahrstage von 1900 bis zum Jahr 2001 mit dem jeweiligen Tierzeichen und Element angege-ben. Suchen Sie die am *1.1.1967* bestimmenden Zeichen = *Feuer-Tiger.*
Dasselbe Tier, dasselbe Element herrschen immer im Abstand von 60 Tagen über einen Tag. Suchen Sie nun das soeben gefun-dene Zeichen für Tier und Element (hier Feuer-Tiger) auf der Tabelle, Seite 144, die die Zeichen im 60-Tage-Rhythmus auf-zeigt.
Nun zählen Sie, beginnend am 1. Tag des betreffenden Jahres bis zu Ihrem Geburtstag:
Beispiel: 29. März 1967
Zeichen am 1. Januar 67 = Feuer-Tiger = siehe Tabelle, Seite 142 und dann Tabelle Seite 144, Zeile 51.
Tage vom 1. Januar bis 29. März = 87 Tage
Da sich, wie bereits bekannt, das himmlische und irdische Zei-chen (Tier und Element) alle 60 Tage wiederholen, ziehen Sie 60 Tage ab:

$$\begin{array}{r} 87 \\ -\ \underline{60} = 27 \text{ Tage} \end{array}$$

Ausgehend von Zeile 51 auf Tabelle, Seite 144 (Feuer-Tiger), zählen Sie jetzt 27 Tage (Zeilen) dazu. Sie bekommen Wasser-Schlange (= Zeile 18). Die dem 29. März 1967 zugehörigen Zei-chen sind:
Element: Wasser; *Tiersymbol:* Schlange
Natürlich »müssen« Sie nicht die 60 Tage abziehen, dies ge-schieht nur zur Vereinfachung. Sie können genauso gut die vol-len 87 Tage hinzurechnen.

Achtung: Die in Tabelle (S. 142 f.) unterstrichenen Jahre, z. B. 1904, 1908, 1912, 1916, 1920 usw. sind *Schaltjahre.* Hier müssen Sie für den Februar 29 Tage zählen.

Beispiel b):

Geburtstag: 7. Januar 1980

Zeichen am 1. Januar 1980: Holz-Hund (vgl. Tabelle, S. 142 f.)

Vom 1. Januar bis 7. Januar = 6 Tage

Sie suchen auf der Tabelle (S. 144) das Zeichen Holz-Hund = Zeile 59, und zählen sechs Zeilen dazu (1+6 = 7).

Die dem 7. Januar 1980 zugehörigen Zeichen sind:

Element: Metall, *Tiersymbol:* Drache.

Beispiel c):

Geburtstag: 28. September 1970

Sie können wahlweise nach vorwärts oder auf der Tabelle nach rückwärts rechnen.

1) Sie rechnen nach vorwärts:

Zeichen am 1. Januar 1970: Wasser-Pferd

Vom 1. Januar bis 28. September = 270 Tage
(30+28+31+30+31+30+31+31+28).

Da sich die Zeichen alle 60 Tage wiederholen, ziehen Sie hier der Einfachheit halber 240 Tage ab, es verbleiben 30 Tage. Wasser-Pferd (Tabelle, S. 144, Zeile 7) +30 ergibt 37 = Wasser-Ratte

Die dem 28. September 1970 zugehörigen Zeichen sind:

Element: Wasser, *Tiersymbol:* Ratte.

2) Sie rechnen nach rückwärts:

Zeichen am 1. Januar 1971: Feuer-Schwein

Vom 1. Januar bis 28. September zurückgerechnet ergeben 95 Tage −60 = 35 Tage.

Zählen Sie jetzt von Tabelle (S. 144, Zeile 12 = Feuer-Schwein) 35 zurück, ergibt 37: Wasser-Ratte.

Die dem 28. September 1970 zugehörigen Zeichen sind:

Element: Wasser, *Tiersymbol:* Ratte.

Geburtsmonat

Der Geburtsmonat ist am wenigsten aussagekräftig. Er unterstreicht die Deutung des Geburtstages, da ja im Geburtstag (siehe Beispiel oben) bereits der Geburtsmonat enthalten ist.

Sie finden eine Tabelle zum Geburtsmonat auf Seite 143.

Jahreszeit

Ihr Wissen über Gesundheit, geistige Interessen, Glück und Gefühlswelt – ein breites Spektrum vergrößert sich durch die Deutung aufgrund der Jahreszeit.

IV Tabellen

Die chinesischen Mondjahre und ihre Zeichen

Beginn	Ende	Zeichen	Element
10. Februar 1899 – 30. Januar 1900		Schwein	Erde
31. Januar 1900 – 18. Februar 1901		Ratte	Metall
19. Februar 1901 – 7. Februar 1902		Büffel	Metall
8. Februar 1902 – 28. Januar 1903		Tiger	Wasser
29. Januar 1903 – 15. Februar 1904		Hase	Wasser
16. Februar 1904 – 3. Februar 1905		Drache	Holz
4. Februar 1905 – 24. Januar 1906		Schlange	Holz
25. Januar 1906 – 12. Februar 1907		Pferd	Feuer
13. Februar 1907 – 1. Februar 1908		Schaf	Feuer
2. Februar 1908 – 21. Januar 1909		Affe	Erde
22. Januar 1909 – 9. Februar 1910		Hahn	Erde
10. Februar 1910 – 29. Januar 1911		Hund	Metall
30. Januar 1911 – 17. Februar 1912		Schwein	Metall
18. Februar 1912 – 5. Februar 1913		Ratte	Wasser
6. Februar 1913 – 25. Januar 1914		Büffel	Wasser
26. Januar 1914 – 13. Februar 1915		Tiger	Holz
14. Februar 1915 – 2. Februar 1916		Hase	Holz
3. Februar 1916 – 22. Januar 1917		Drache	Feuer
23. Januar 1917 – 10. Februar 1918		Schlange	Feuer
11. Februar 1918 – 31. Januar 1919		Pferd	Erde
1. Februar 1919 – 19. Februar 1920		Schaf	Erde
20. Februar 1920 – 7. Februar 1921		Affe	Metall
8. Februar 1921 – 27. Januar 1922		Hahn	Metall
28. Januar 1922 – 15. Februar 1923		Hund	Wasser
16. Februar 1923 – 4. Februar 1924		Schwein	Wasser
5. Februar 1924 – 24. Januar 1925		Ratte	Holz
25. Januar 1925 – 12. Februar 1926		Büffel	Holz
13. Februar 1926 – 1. Februar 1927		Tiger	Feuer
2. Februar 1927 – 22. Januar 1928		Hase	Feuer

Beginn	Ende	Zeichen	Element
23. Januar 1928 – 9. Februar 1929		Drache	Erde
10. Februar 1929 – 29. Januar 1930		Schlange	Erde
30. Januar 1930 – 16. Februar 1931		Pferd	Metall
17. Februar 1931 – 5. Februar 1932		Schaf	Metall
6. Februar 1932 – 25. Januar 1933		Affe	Wasser
26. Januar 1933 – 13. Februar 1934		Hahn	Wasser
14. Februar 1934 – 3. Februar 1935		Hund	Holz
4. Februar 1935 – 23. Januar 1936		Schwein	Holz
24. Januar 1936 – 10. Februar 1937		Ratte	Feuer
11. Februar 1937 – 30. Januar 1938		Büffel	Feuer
31. Januar 1938 – 18. Februar 1939		Tiger	Erde
19. Februar 1939 – 7. Februar 1940		Hase	Erde
8. Februar 1940 – 26. Januar 1941		Drache	Metall
27. Januar 1941 – 14. Februar 1942		Schlange	Metall
15. Februar 1942 – 4. Februar 1943		Pferd	Wasser
5. Februar 1943 – 24. Januar 1944		Schaf	Wasser
25. Januar 1944 – 12. Februar 1945		Affe	Holz
13. Februar 1945 – 1. Februar 1946		Hahn	Holz
2. Februar 1946 – 21. Januar 1947		Hund	Feuer
22. Januar 1947 – 9. Februar 1948		Schwein	Feuer
10. Februar 1948 – 28. Januar 1949		Ratte	Erde
29. Januar 1949 – 16. Februar 1950		Büffel	Erde
17. Februar 1950 – 5. Februar 1951		Tiger	Metall
6. Februar 1951 – 26. Januar 1952		Hase	Metall
27. Januar 1952 – 13. Februar 1953		Drache	Wasser
14. Februar 1953 – 2. Februar 1954		Schlange	Wasser
3. Februar 1954 – 23. Januar 1955		Pferd	Holz
24. Januar 1955 – 11. Februar 1956		Schaf	Holz
12. Februar 1956 – 30. Januar 1957		Affe	Feuer
31. Januar 1957 – 17. Februar 1958		Hahn	Feuer
18. Februar 1958 – 7. Februar 1959		Hund	Erde
8. Februar 1959 – 27. Januar 1960		Schwein	Erde
28. Januar 1960 – 14. Februar 1961		Ratte	Metall
15. Februar 1961 – 4. Februar 1962		Büffel	Metall
5. Februar 1962 – 24. Januar 1963		Tiger	Wasser
25. Januar 1963 – 12. Februar 1964		Hase	Wasser
13. Februar 1964 – 1. Februar 1965		Drache	Holz
2. Februar 1965 – 20. Januar 1966		Schlange	Holz
21. Januar 1966 – 8. Februar 1967		Pferd	Feuer
9. Februar 1967 – 29. Januar 1968		Schaf	Feuer
30. Januar 1968 – 16. Februar 1969		Affe	Erde
17. Februar 1969 – 5. Februar 1970		Hahn	Erde
6. Februar 1970 – 26. Januar 1971		Hund	Metall

Beginn	Ende	Zeichen	Element
27. Januar 1971 – 15. Januar 1972		Schwein	Metall
16. Januar 1972 – 2. Februar 1973		Ratte	Wasser
3. Februar 1973 – 22. Januar 1974		Büffel	Wasser
23. Januar 1974 – 10. Februar 1975		Tiger	Holz
11. Februar 1975 – 30. Januar 1976		Hase	Holz
31. Januar 1976 – 17. Februar 1977		Drache	Feuer
18. Februar 1977 – 6. Februar 1978		Schlange	Feuer
7. Februar 1978 – 27. Januar 1979		Pferd	Erde
28. Januar 1979 – 15. Februar 1980		Schaf	Erde
16. Februar 1980 – 4. Februar 1981		Affe	Metall
5. Februar 1981 – 24. Januar 1982		Hahn	Metall
25. Januar 1982 – 12. Februar 1983		Hund	Wasser
13. Februar 1983 – 1. Februar 1984		Schwein	Wasser
2. Februar 1984 – 19. Februar 1985		Ratte	Holz
20. Februar 1985 – 8. Februar 1986		Büffel	Holz
9. Februar 1986 – 28. Januar 1987		Tiger	Feuer
29. Januar 1987 – 16. Februar 1988		Hase	Feuer
17. Februar 1988 – 5. Februar 1989		Drache	Erde
6. Februar 1989 – 26. Januar 1990		Schlange	Erde
27. Januar 1990 – 14. Februar 1991		Pferd	Metall
15. Februar 1991 – 3. Februar 1992		Schaf	Metall
4. Februar 1992 – 22. Januar 1993		Affe	Wasser
23. Januar 1993 – 9. Februar 1994		Hahn	Wasser
10. Februar 1994 – 30. Januar 1995		Hund	Holz
31. Januar 1995 – 18. Februar 1996		Schwein	Holz
19. Februar 1996 – 6. Februar 1997		Ratte	Feuer
7. Februar 1997 – 27. Januar 1998		Büffel	Feuer
28. Januar 1998 – 15. Februar 1999		Tiger	Erde
16. Februar 1999 – 4. Februar 2000		Hase	Erde

Die Neujahrstage nach dem westlichen Kalender und die entsprechenden chinesischen Tages-Zeichen

Mit Hilfe der folgenden Tabellen (vgl. a. S. 139 ff.) können Sie das zu Ihrem Geburtsdatum gehörende Tiersymbol und Element bestimmen (vgl. a. Beispiele, S. 137 f.).

(Die in folgender Tabelle unterstrichenen Jahre sind jeweils Schaltjahre.)

1. 1. 1900	Holz *Hund*	1. 1. 1934	Wasser *Hahn*
1. 1. 1901	Metall *Drache*	1. 1. 1935	Erde *Tiger*
1. 1. 1902	Holz *Hahn*	1. 1. 1936	Wasser *Schaf*
1. 1. 1903	Metall *Tiger*	1. 1. 1937	Erde *Büffel*
1. 1. 1904	Holz *Schaf*	1. 1. 1938	Holz *Pferd*
1. 1. 1905	Metall *Büffel*	1. 1. 1939	Erde *Schwein*
1. 1. 1906	Feuer *Pferd*	1. 1. 1940	Holz *Drache*
1. 1. 1907	Metall *Schwein*	1. 1. 1941	Metall *Hund*
1. 1. 1908	Feuer *Drache*	1. 1. 1942	Holz *Hase*
1. 1. 1909	Wasser *Hund*	1. 1. 1943	Metall *Affe*
1. 1. 1910	Feuer *Hase*	1. 1. 1944	Holz *Büffel*
1. 1. 1911	Wasser *Affe*	1. 1. 1945	Metall *Ziege*
1. 1. 1912	Feuer *Büffel*	1. 1. 1946	Feuer *Ratte*
1. 1. 1913	Wasser *Schaf*	1. 1. 1947	Metall *Schlange*
1. 1. 1914	Erde *Ratte*	1. 1. 1948	Feuer *Hund*
1. 1. 1915	Wasser *Schlange*	1. 1. 1949	Wasser *Drache*
1. 1. 1916	Erde *Hund*	1. 1. 1950	Feuer *Hahn*
1. 1. 1917	Holz *Drache*	1. 1. 1951	Wasser *Tiger*
1. 1. 1918	Erde *Hahn*	1. 1. 1952	Feuer *Schaf*
1. 1. 1919	Holz *Tiger*	1. 1. 1953	Wasser *Büffel*
1. 1. 1920	Erde *Schaf*	1. 1. 1954	Erde *Schwein*
1. 1. 1921	Holz *Büffel*	1. 1. 1955	Wasser *Schwein*
1. 1. 1922	Metall *Pferd*	1. 1. 1956	Erde *Drache*
1. 1. 1923	Holz *Schwein*	1. 1. 1957	Holz *Hund*
1. 1. 1924	Metall *Drache*	1. 1. 1958	Erde *Hase*
1. 1. 1925	Feuer *Hund*	1. 1. 1959	Holz *Affe*
1. 1. 1926	Metall *Hase*	1. 1. 1960	Erde *Büffel*
1. 1. 1927	Feuer *Affe*	1. 1. 1961	Holz *Schaf*
1. 1. 1928	Metall *Büffel*	1. 1. 1962	Metall *Ratte*
1. 1. 1929	Feuer *Ziege*	1. 1. 1963	Holz *Schlange*
1. 1. 1930	Wasser *Ratte*	1. 1. 1964	Metall *Hund*
1. 1. 1931	Feuer *Schlange*	1. 1. 1965	Feuer *Drache*
1. 1. 1932	Wasser *Hund*	1. 1. 1966	Metall *Hahn*

1. 1. 1933	Erde *Drache*	1. 1. 1967	Feuer *Tiger*
1. 1. 1968	Metall *Schaf*	1. 1. 1985	Metall *Büffel*
1. 1. 1969	Feuer *Büffel*	1. 1. 1986	Feuer *Pferd*
1. 1. 1970	Wasser *Pferd*	1. 1. 1987	Metall *Schwein*
1. 1. 1971	Feuer *Schwein*	1. 1. 1988	Feuer *Drache*
1. 1. 1972	Wasser *Drache*	1. 1. 1989	Wasser *Hund*
1. 1. 1973	Erde *Hund*	1. 1. 1990	Feuer *Hase*
1. 1. 1974	Wasser *Hase*	1. 1. 1991	Wasser *Affe*
1. 1. 1975	Erde *Affe*	1. 1. 1992	Feuer *Büffel*
1. 1. 1976	Wasser *Büffel*	1. 1. 1993	Wasser *Schaf*
1. 1. 1977	Erde *Schaf*	1. 1. 1994	Erde *Ratte*
1. 1. 1978	Holz *Ratte*	1. 1. 1995	Wasser *Schlange*
1. 1. 1979	Erde *Schlange*	1. 1. 1996	Erde *Hund*
1. 1. 1980	Holz *Hund*	1. 1. 1997	Holz *Drache*
1. 1. 1981	Metall *Drache*	1. 1. 1998	Erde *Hahn*
1. 1. 1982	Holz *Hahn*	1. 1. 1999	Holz *Tiger*
1. 1. 1983	Metall *Tiger*	1. 1. 2000	Erde *Schaf*
1. 1. 1984	Holz *Schaf*	1. 1. 2001	Holz *Büffel*

Die Monate und ihre Tierzeichen

Auch die einzelnen Monate werden von einem Tiersymbol bestimmt, zum Beispiel der *Januar* vom Tiersymbol *Tiger*, der *Februar* vom Tiersymbol *Hase*, usw.

Januar	~	*Tiger*	Juli	~	*Affe*
Februar	~	*Hase*	August	~	*Hahn*
März	~	*Drache*	September	~	*Hund*
April	~	*Schlange*	Oktober	~	*Schwein*
Mai	~	*Pferd*	November	~	*Ratte*
Juni	~	*Schaf*	Dezember	~	*Büffel*

Die Zeichen im 60-Tage-Rhythmus

Im 60-Tage-Rhythmus wiederholt sich nachstehende Tabelle der zwölf Tierzeichen und der fünf Elemente:

Zeile	Element	Tierzeichen	Zeile	Element	Tierzeichen
1.	Feuer	*Ratte*	31.	Feuer	*Pferd*
2.	Feuer	*Büffel*	32.	Feuer	*Schaf*
3.	Erde	*Tiger*	33.	Erde	*Affe*
4.	Erde	*Hase*	34.	Erde	*Hahn*
5.	Metall	*Drache*	35.	Metall	*Hund*
6.	Metall	*Schlange*	36.	Metall	*Schwein*
7.	Wasser	*Pferd*	37.	Wasser	*Ratte*
8.	Wasser	*Schaf*	38.	Wasser	*Büffel*
9.	Holz	*Affe*	39.	Holz	*Tiger*
10.	Holz	*Hahn*	40.	Holz	*Hase*
11.	Feuer	*Hund*	41.	Feuer	*Drache*
12.	Feuer	*Schwein*	42.	Feuer	*Schlange*
13.	Erde	*Ratte*	43.	Erde	*Pferd*
14.	Erde	*Büffel*	44.	Erde	*Schaf*
15.	Metall	*Tiger*	45.	Metall	*Affe*
16.	Metall	*Hase*	46.	Metall	*Hahn*
17.	Wasser	*Drache*	47.	Wasser	*Hund*
18.	Wasser	*Schlange*	48.	Wasser	*Schwein*
19.	Holz	*Pferd*	49.	Holz	*Ratte*
20.	Holz	*Schaf*	50.	Holz	*Büffel*
21.	Feuer	*Affe*	51.	Feuer	*Tiger*
22.	Feuer	*Hahn*	52.	Feuer	*Hase*
23.	Erde	*Hund*	53.	Erde	*Drache*
24.	Erde	*Schwein*	54.	Erde	*Schlange*
25.	Metall	*Ratte*	55.	Metall	*Pferd*
26.	Metall	*Büffel*	56.	Metall	*Schaf*
27.	Wasser	*Tiger*	57.	Wasser	*Affe*
28.	Wasser	*Hase*	58.	Wasser	*Hahn*
29.	Holz	*Drache*	59.	Holz	*Hund*
30.	Holz	*Schlange*	60.	Holz	*Schwein*